une grâce
DÉGUISÉE

une grâce DÉGUISÉE

COMMENT L'ÂME SE DÉVELOPPE PAR LA PERTE

JERRY SITTSER

ÉDITIONS IMPACT
230, rue Lupien
Trois-Rivières (Québec)
G8T 6W4 CANADA

Une grâce déguisée
© 2014 Publications Chrétiennes inc.
     230, rue Lupien
     Trois-Rivières (Québec) G8T 6W4

Édition originale :
A Grace Disguised
© 1995, 2004 par Gerald L. Sittser
Publié par Zondervan

Traduit et publié avec permission

Traduction : Antoine Doriath

Tous droits réservés

« Éditions Impact » est une marque déposée de « Publications chrétiennes inc. »

Dépôt légal - 1er trimestre 2014

ISBN : 978-2-89082-219-1

Dépôt légal : Bibliothèque et Archives nationales du Québec
      Bibliothèque et Archives Canada

Imprimé au Canada

À moins d'indications contraires, toutes les citations bibliques sont tirées de la version revue 1979 Louis Segond de La Société Biblique de Genève.

À Diane et Jack :
le sang unit plus que l'eau
et la foi plus que tout.

Table des matières

Préface de l'édition augmentée

Presque huit années se sont écoulées depuis la parution de la première édition du livre *Une grâce déguisée* dans sa langue originale. Vers la fin de 2003, Sandra Vander Zicht, mon éditrice, m'a informé par téléphone que les éditions Zondervan souhaitaient publier une nouvelle édition du livre, qui s'était écoulé à un rythme régulier depuis sa parution. Elle me demanda d'écrire une préface à la nouvelle édition, ainsi qu'un épilogue. Elle me suggéra en outre d'inclure des extraits de certaines des nombreuses lettres de lecteurs, sous réserve de leur permission.

Avant de songer à enrichir l'ancienne édition, il fallait que je la lise, car je ne l'avais pas relue du début à la fin depuis sa parution en 1996. J'avais intentionnellement évité de le faire. Après avoir écrit le livre, j'avais désiré prendre du recul ; peut-être en avais-je aussi besoin. Je résistais à l'idée de laisser le livre prendre de l'emprise sur ma vie ou transformer mon expérience de la souffrance en gagne-pain. J'aspirais à mener une vie normale, même s'il m'avait fallu très tôt changer de façon radicale ma définition de la normalité.

Je me sentais un peu nerveux en ouvrant le livre. Cette tâche me semblait atroce ; elle me faisait l'impression d'avoir à regarder un film d'horreur qui m'avait donné des cauchemars dans mon enfance. Je ne savais pas si je voulais réveiller des souvenirs qu'il aurait mieux valu laisser dormir. La relecture du livre s'est toutefois révélée plus enrichissante que je ne l'avais imaginé et m'a aidé à découvrir jusqu'où l'épreuve nous avait fait progresser, mes enfants et moi. La douleur et le bouleversement que j'avais ressentis lors de la rédaction ont été remplacés par le contentement et une profonde gratitude.

La manière même dont j'ai été amené à écrire ce livre est un roman à lui seul. Quelques années après l'accident, des amis m'ont encouragé à rédiger un ouvrage sur le deuil, parce qu'ils estimaient que je me devais d'exprimer mes pensées privées au public, dans son intérêt. L'ironie, c'est que le premier jet comportait à peine quatre-vingts pages, consacrées pour l'essentiel à des abstractions théologiques sur la souffrance ; tout était inspiré par le cerveau, rien par le cœur. Mes amis ont apprécié ce travail, mais m'ont aussi dit que par rapport à l'immense majorité des lecteurs, ils avaient l'avantage de me connaître ainsi que mon histoire. Ils étaient d'avis que les lecteurs devraient également connaître mon cheminement. Après tout, personne ne souffre d'un deuil d'une façon abstraite. Le deuil n'est pas seulement un concept, c'est une expérience dont nous aimerions tous être préservés.

Beaucoup d'eau a passé sous les ponts depuis 1996. Dans l'épilogue, je mets l'histoire à jour. La trajectoire que ma vie a prise au cours des huit dernières années n'a fait que renforcer ce que j'ai écrit dans la première édition. Je ne changerais pas un seul détail du livre, même après toutes ces années. Mes convictions et mes croyances n'ont pas changé. Elles m'ont été très utiles et ont servi de solide fondement à ma vie. Notre histoire s'est révélée rédemptrice non seulement pour moi et mes enfants, mais également pour beaucoup d'autres personnes. J'ai donc décidé, après avoir relu la première édition, de ne rien y changer. L'épilogue fournit des renseignements supplémentaires, mais il ne corrige ni ne modifie ce que j'ai écrit la première fois.

Comme d'habitude, je suis reconnaissant à mes amis des éditions Zondervan. Sandra Vander Zicht a corrigé les deux autres livres que j'ai publiés chez Zondervan depuis la sortie de l'ouvrage *A Grace Disguised*. Ann Spangler, qui avait édité *A Grace Disguised* est désormais mon agent. Elles ont manifesté des qualités professionnelles hors du commun et ont fait preuve d'un caractère extraordinaire. Elles ont su transformer la tâche intimidante de l'écriture en travail exécutable, constructif et même plaisant. Ma reconnaissance va également à Gabriel Schmidt, un récent diplômé de l'Université Whitworth qui a parcouru, lu et classé plusieurs centaines de lettres reçues au fil des ans, des lecteurs de la première édition. Il porte une attention prodigieuse au détail.

J'ai conscience de ma dette de reconnaissance à mes nombreux amis de Spokane et de partout au pays. Quel bonheur d'avoir aujourd'hui le même cercle d'amis qu'en 1991, lorsque tout a basculé dans ma vie ! J'ai dédié la première édition à ma sœur Diane et à mon beau-frère Jack qui étaient – et sont toujours – mes amis les plus chers. Je me sens indigne de fréquenter de telles personnes.

Il y a huit ans, je tentais d'élever trois enfants traumatisés qui venaient de subir un choc qu'aucun enfant ne devrait connaître. Je savais que la manière dont je réagirais à l'accident et me conduirais en père déciderait en partie de leur sort. Ils étaient mon « projet de vie ». Ils ont aussi été mon salut, même si je ne le savais pas encore à l'époque. Catherine et David poursuivent actuellement leurs études universitaires ; John est au lycée. Ils sont devenus sensationnels, pleins d'entrain, talentueux, sérieux et profondément chrétiens. Je suis en admiration devant eux. Les mots ne pourront jamais dire ce qu'ils représentent pour moi. Aussi étrange que cela puisse paraître, je souhaiterais que tout homme découvre ce que je possède, mais sans avoir à faire l'expérience de la souffrance aiguë. Combien j'aimerais que trois autres membres de la famille soient encore là pour en jouir !

Préface de la première édition

Ce livre traite d'une perte catastrophique et de la transformation qu'elle peut opérer dans la vie d'une personne. Ce que j'ai écrit résulte de mon expérience, mais ne se borne pas seulement à elle. Ce livre se présente comme un tableau qui dépeint un paysage plus vaste que la scène qui l'a inspiré. À partir du moment où j'ai commencé à réfléchir à mon deuil, je me suis mis à explorer un univers de significations grand ouvert devant moi. Je me suis posé des questions et j'ai fini par trouver des réponses à la fois satisfaisantes et troublantes.

En méditant l'histoire de mon deuil, que je raconterai plus loin, j'ai appris que bien qu'il soit unique (comme tous les deuils), il correspond à une expérience universelle. Tôt ou tard, tout le monde passe par le deuil, qu'il soit majeur ou mineur, soudain ou prévisible, privé ou public. Le deuil fait autant partie de la vie normale que la naissance, car aussi sûrement que nous entrons dans le monde, nous connaîtrons le deuil avant de le quitter.

Ce n'est donc pas l'*expérience* du deuil qui est déterminante dans notre vie, puisqu'elle est aussi inévitable que la mort, le deuil ultime qui nous guette tous. Ce qui compte surtout, c'est la manière *de réagir* au deuil. Cette réaction jouera sur la qualité, la direction et la portée de notre vie.

Ce livre n'a pas pour but d'aider qui que ce soit à traverser l'expérience d'un deuil catastrophique ou à en guérir, car je pense personnellement que la « guérison » d'une telle perte constitue une attente à la fois irréaliste et néfaste, si, par guérison, nous entendons la reprise de la vie antérieure. Il s'efforce plutôt de montrer qu'il est possible de vivre dans le deuil et d'en sortir grandi, sans pour autant cesser d'en souffrir. C'est pourquoi j'insisterai sur le pouvoir de la réaction au deuil. Elle touche aux *choix* que nous faisons, à la *grâce* que nous recevons et finalement à la *transformation* que nous subissons. Je ne cherche pas à proposer des solutions rapides et indolores, mais à indiquer le chemin de la croissance qui s'échelonne sur une vie.

Le deuil ressemble à une maladie en phase terminale. Nous ne pouvons rien faire pour nous mettre à l'abri de ce mal ; nous pouvons tout au plus le repousser pour un temps. Il y a pourtant une autre maladie que nous pouvons soigner, celle de notre âme. À cet égard, je ne veux pas soigner les symptômes, mais guérir le mal. En faisant courageusement face au deuil, en y réagissant avec sagesse, nous devenons plus sains, même si nous nous rapprochons de la mort physique. Notre âme guérit, puisqu'elle ne peut guérir que par la souffrance.

Au terme de nombreuses et longues conversations, des amis m'ont incité à écrire ce livre. Après mon deuil, je n'étais pas disposé à écrire quoi que ce soit, même si, pour des raisons personnelles, j'avais tenu le journal de cette expérience et de ce qui en découlait. Surtout, je me raidissais contre l'idée de raconter mon histoire au public. Mes amis m'ont toutefois bien fait comprendre que l'important n'était pas l'expérience. Ce qui comptait pour eux, c'était mes *réflexions* sur l'expérience. Ils étaient sûrs que ces réflexions transcendaient l'expérience et pouvaient se révéler utiles à d'autres. Visiblement, ils m'ont convaincu.

Bien que j'offre des aperçus de mon histoire personnelle dans ces pages, j'ai décidé d'écrire un livre consacré à l'expérience *universelle* du deuil plutôt qu'à ma seule expérience. J'ai voulu faire preuve de retenue pour sauvegarder ma vie privée. J'ai veillé à ne pas focaliser l'attention sur mon récit pour ne pas négliger d'explorer les questions universelles vers lesquelles toutes nos histoires convergent. Par ailleurs, je ne suis pas sûr qu'il soit possible de faire totalement prendre conscience aux autres de la nature dévastatrice de ses propres souffrances. Certaines expériences sont tellement affreuses qu'elles défient toute description.

Je me sens cependant obligé de dire dès le début, même si mes mots ne l'expriment pas bien, que ce qui m'est arrivé m'a fait atteindre mes limites. J'ai affronté le côté le plus sombre de la vie et la faiblesse de ma propre nature humaine. Je me sens tellement faible et vulnérable la plupart du temps que je peux difficilement me qualifier de vainqueur. Si je donne l'impression d'être héroïque, parfait ou fort, soyez certains que ce n'est pas le cas. L'expérience m'a fait comprendre combien il est difficile de faire face au deuil et combien il faut du temps pour en sortir grandi. Elle m'a aussi appris à quel point la vie peut être merveilleuse même – et en particulier – dans la souffrance.

La rédaction de ce livre s'est révélée pleine de sens, mais non cathartique. Elle n'a pas exacerbé le traumatisme ni contribué à le guérir. En revanche, la tenue d'un journal pendant trois ans l'a fait. Pourtant, la relecture de mon journal et la réflexion sur ce qui est ressorti de cette expérience et sur la manière dont elle m'a changé m'ont enrichi. Ce livre est le fruit de cette réflexion. Il est le résultat heureux d'une expérience douloureuse.

L'écriture du livre n'a cependant pas émoussé mon sentiment de désarroi et de tristesse. L'aide qu'il apporte aux autres ne justifie pas mon deuil ni n'explique la tragédie. Ma souffrance est tout aussi déconcertante et horrible qu'elle l'était le jour où l'accident est survenu. Le bien qui peut procéder du deuil ne supprime pas son horreur et n'excuse pas le mal commis. Rien ne peut le faire.

De nombreuses personnes ont largement contribué à la publication de ce livre. La gratitude que j'exprime ici pour les honorer brièvement ressemble aux applaudissements à la fin d'une brillante représentation d'un opéra de Mozart. Ma louange est bien banale comparée à la grandeur du service accompli. Ces personnes sont des amis chers qui ont fait plus que simplement lire des parties ou la totalité des ébauches du manuscrit. Ils se sont impliqués dans ma vie. Non seulement ce que j'ai écrit, mais également ce que je suis, est le produit de leur amour et de leur attention. C'est un honneur de reconnaître combien je leur suis redevable.

J'ai entendu beaucoup d'histoires émouvantes de deuil au cours des trois dernières années, mais j'ai décidé de n'en mentionner que quelques-unes. Merci à Leanna, à Steve, à Joanne, à Andy et Mary, et à Jeff de m'avoir raconté leur histoire et de m'avoir accordé la permission de m'en servir dans ce livre. Leur courage, leur persévérance et leur sagesse m'ont aidé beaucoup plus que je ne saurais le dire ici.

Linda Lawrence Hunt, Steve et Kathy Pederson, Forrest Baird et Martin E. Marty ont joué un rôle particulier en m'encourageant à écrire ce livre. Dale et Kathy Bruner, Terry et Suzette McGonigal, Judy Palpant et Dave Bast ont donné à ce livre sa perspective théologique. Rachel Johnson, Glena Shubarth et Janelle Thayer, toutes thérapeutes, ont mis au service du manuscrit leur connaissance de la psychologie ; quant à Leonard Oakland ainsi qu'à Howard et Pat Stien, ils ont ajouté leur sensibilité littéraire au projet. Terry Mitchell a accompli un travail remarquable en préparant le manuscrit avant qu'il ne soit confié aux éditions Zondervan. À partir du moment où j'ai commencé à travailler avec Zondervan, Ann Spangler, chargée de la production de mon manuscrit, a manifesté beaucoup de sensibilité envers l'auteur et son écrit. Finalement, Verlyn D. Verbrugge, responsable de l'édition, a retouché le manuscrit aux bons endroits.

Ron et Julie Pyle, Todd et Monica Holdridge, Dale Soden, Steve et Richelle Mills, tous des amis intimes, ont contribué à façonner les idées du livre grâce à de nombreuses et longues conversations. Ma belle-mère, Minnie Dethmers, ma belle-sœur, Julie Koerselman et d'autres membres de la famille de ma femme sont devenus des partenaires à distance tandis que nous avons appris à vivre avec des circonstances que personne n'avait souhaitées. Mon père, Gerald, a été d'une grande fidélité dans ses appels téléphoniques et sa correspondance, bien qu'il vive loin. Mes trois enfants, Catherine, David et John, n'ont pas une seule fois jeté un coup d'œil au manuscrit, mais ils ont joué un rôle fondamental à sa rédaction en me communiquant de la vitalité quand j'en avais le plus besoin. Pendant un certain temps, je pense qu'ils m'ont maintenu en vie ; maintenant, ils me font avancer.

Personne ne m'a autant soutenu personnellement et soutenu mon travail d'écriture que ma sœur Diane et mon beau-frère Jack ; ils ont passé des centaines d'heures à converser avec moi au sujet de la plupart des idées contenues dans ce livre. Ils ont relu chaque ébauche du manuscrit et se sont beaucoup donnés à mes enfants et à moi. Il est rare et merveilleux que des membres de notre famille soient aussi nos meilleurs amis. J'ai fait cette expérience avec Diane et Jack. Je leur dédie ce livre avec reconnaissance et affection.

chapitre 1

La fin et le commencement

Tu sais aussi bien que moi qu'il y a autre chose…
Il y a toujours une nouvelle scène.

Archibald McLeish

La perte catastrophique d'un être cher entraîne la destruction, comme une inondation désastreuse qui s'acharne, impitoyable, sans qu'on puisse la maîtriser. Elle s'attaque violemment au corps, à l'âme et à l'esprit. Il arrive parfois que le deuil cause ses dégâts instantanément, comme le ferait un déluge causé par la rupture d'une digue ou d'un barrage, libérant ainsi un énorme torrent d'eau et balayant tout sur son passage. À d'autres moments, il détruit peu à peu, comme si l'inondation était due à une pluie incessante qui gonfle les cours d'eau et les lacs, les faisant sortir de leurs lits ou de leurs berges, de sorte qu'ils engloutissent, trempent et détruisent tout ce qu'ils touchent. Dans les deux cas, la perte catastrophique transforme à jamais le paysage de la vie.

Mon expérience ressemblait à la rupture d'une digue. En un instant, j'ai été submergé par un torrent inattendu de douleur.

Lynda, ma femme depuis près de vingt ans, aimait se trouver au milieu de ses enfants. Chacun d'eux représentait un merveilleux cadeau ; en effet, après avoir été infertile pendant onze ans, elle ne pensait plus qu'elle porterait des enfants un jour. Titulaire d'une maîtrise en musique de l'Université de la Caroline du Sud, devenue chanteuse professionnelle, directrice de chorale et répétitrice vocale, bien engagée dans la vie d'Église et dans la société, elle n'avait cependant jamais renoncé à son désir d'avoir des enfants. La naissance de quatre enfants vigoureux en six ans avait mis le comble à son bonheur. Elle se délectait du miracle de la maternité.

En automne 1991, Lynda donnait des cours sur la culture autochtone à nos deux aînés, Catherine et David, dans le cadre de l'école à domicile. Elle décida de compléter l'enseignement en se rendant avec eux à un pow-wow, dans une réserve de l'Idaho.

Nous avons donc installé nos quatre enfants dans le monospace un vendredi après-midi pour nous rendre dans la réserve où nous projetions de prendre notre souper avec les membres de la tribu et de voir notre premier pow-wow. Ma mère, Grace, venue nous rendre visite pour le week-end, décida de nous accompagner. Au souper, nous avons discuté avec les chefs tribaux concernant leurs projets et leurs problèmes – notamment l'abus d'alcool qui compromettait tellement ce qu'ils s'efforçaient de réaliser.

Après le souper, nous nous sommes lentement dirigés vers un petit gymnase où le pow-wow avait déjà commencé. Nous avons pris place avec beaucoup de chefs tribaux qui nous expliquèrent les danses exécutées par les membres de diverses tribus et les tenues vestimentaires traditionnelles des danseurs. Une danse me toucha plus particulièrement : elle représentait des lamentations funèbres pour un cher membre de la tribu qui venait de mourir. J'étais envoûté par le mouvement lent et réservé des quelques personnes qui dansaient devant nous. La danse, le chant scandé et le battement de tambour créaient une ambiance exprimant la tristesse que les danseurs ressentaient, et nous avec eux.

Cela faisait environ une heure que nous étions là quand plusieurs enfants de la tribu s'approchèrent et demandèrent à nos deux filles, Catherine et Diana Jane, de se joindre à eux dans une danse. Pendant ce temps, les garçons décidèrent de faire un tour dans le gymnase, ce qui nous donna l'occasion à Lynda et à moi-même d'en apprendre un peu plus sur la tribu.

Vers vingt heures quinze, les enfants en eurent assez. Nous sommes donc retournés à notre monospace, l'avons chargé, avons attaché nos ceintures et repris la route de la maison. Il faisait nuit. Nous roulions depuis dix minutes quand j'aperçus une seule voiture se dirigeant vers nous sur l'autoroute ; elle roulait à vive allure. Je ralentis dans un virage, mais l'autre ne le fit pas. Il franchit la ligne médiane et vint frapper notre voiture de plein fouet. J'appris plus tard que le présumé chauffard était autochtone, qu'il était ivre et qu'il roulait à près de 140 km/h. Il était accompagné de sa femme enceinte et également ivre ; elle fut tuée sur le coup.

Je me souviens des premiers instants après l'accident, comme si tout se passait au ralenti. Ces souvenirs sont figés dans ma mémoire avec une clarté terrible. Après avoir repris mon souffle, je me suis retourné pour constater les dégâts. Quel chaos ! Je me rappelle l'expression de terreur sur le visage de mes enfants et le sentiment d'horreur qui m'envahit lorsque j'aperçus les corps brisés de Lynda, de Diana Jane, ma petite fille de quatre ans, et de ma mère. Je me souviens d'avoir extirpé du véhicule Catherine (huit ans), David (sept ans) et John (deux ans) par la portière avant du côté du conducteur, la seule qui s'ouvrait. J'ai le souvenir d'avoir pris le pouls, d'avoir pratiqué le bouche-à-bouche, faisant tout mon possible pour sauver les mourants et apaiser les vivants. Et du sentiment de panique qui s'empara de moi en voyant Lynda, ma mère et Diana Jane mourir sous mes yeux. Puis, il y eut le tohu-bohu des badauds, des gyrophares des véhicules de secours, du vrombissement d'un hélicoptère tournoyant au-dessus de nos têtes, des voitures alignées, des secouristes faisant l'impossible. Je me rappelle encore avoir soudain pris conscience que je plongeais dans une obscurité d'où je ne ressortirais peut-être jamais en homme sain d'esprit, normal et croyant.

Au cours des heures qui suivirent l'accident, le choc initial fit place à une agonie indicible. Le chagrin me donnait le vertige ; je me sentais séparé de ma famille et de mes amis, tourmenté par la perte et rendu nauséeux par la douleur. À l'hôpital, j'ai arpenté le couloir comme un animal en cage qui venait d'être capturé. J'étais tellement désemparé que je n'arrivais même plus à poser des questions ni à penser logiquement. J'étais pris de peur et d'agitation, comme si j'étais traqué par un tueur déséquilibré auquel je ne pouvais échapper. Je n'arrêtais pas de pleurer. Je n'arrivais pas à faire taire le vacarme assourdissant des tôles froissées, du hurlement des sirènes et des pleurs des enfants. Je revoyais constamment cette image de violence, de glaces brisées et de corps déchiquetés. Je ne souhaitais qu'une chose : être mort. Seuls le sens de ma responsabilité à l'égard de mes trois enfants rescapés et l'habitude de vivre depuis quarante ans me maintinrent en vie.

Ce torrent d'émotions emporta la vie que j'avais tellement aimée pendant tant d'années. En un clin d'œil, la famille que j'avais connue et chérie disparut à tout jamais. La femme à laquelle j'étais uni depuis deux décennies était morte ; ma tendre Diana Jane, notre troisième enfant, morte, elle aussi ; ma mère qui m'avait donné le jour et élevé, morte également. Trois générations – disparues en un instant !

Au cours des mois suivants, ce déluge initial du deuil fit peu à peu place à la douleur qui, comme des eaux qui refusent de se retirer, trouve les moindres interstices et les moindres crevasses dans l'esprit humain pour s'y engouffrer et le ronger. Je pensais perdre la raison. Je sombrai dans la dépression. Les fondations de ma vie étaient sur le point de s'écrouler.

La vie était chaotique. Mes enfants aussi ressentirent un immense chagrin et connurent la peur. John fut sérieusement blessé. Il eut le fémur fracturé dans l'accident ; sa jambe fut mise en extension pendant trois semaines, puis on lui fit un corset plâtré qu'il dut porter pendant huit autres semaines. De partout, des gens nous téléphonaient, nous envoyaient des lettres, venaient proposer leur aide et se lamenter avec nous. Mes tâches domestiques et professionnelles s'accumulaient comme des ordures sur un terrain vague, menaçant de me faire perdre le nord. Je m'affalais tous les soirs dans mon fauteuil préféré, tellement épuisé et angoissé que je me demandais si je survivrais un jour de plus, si même je *tenais* à survivre. Le simple fait d'être encore en vie m'inspirait le sentiment d'être puni, et je me disais que la mort me procurerait un soulagement opportun.

Je me rappelle avoir compté le nombre de jours consécutifs de pleurs. Je versai des larmes pendant quarante jours, puis elles cessèrent, du moins pour quelques jours. Je m'émerveillai devant le génie des Hébreux d'autrefois qui avaient décrété quarante jours de deuil, comme si ce nombre était suffisant. J'appris plus tard combien j'étais insensé ! C'est seulement *après* ces quarante jours que ma peine devint trop profonde pour que je verse des larmes. Elles se transformèrent en saumure, en une sensation de perte amère et brûlante que les larmes ne pouvaient plus exprimer. Au cours des mois qui suivirent, j'aspirai aux jours où le chagrin était frais et où les larmes venaient facilement. Ce soulagement émotionnel aurait allégé mon fardeau, ne serait-ce que quelques instants.

Je n'avais évidemment aucun moyen d'anticiper les ajustements auxquels je devrais procéder ni la souffrance que j'aurais à endurer dans les mois et les années à venir. Mais déjà la nuit du drame, la fenêtre de temps qui me fut accordée entre l'accident et notre arrivée à l'hôpital me laissa présager ce qui m'attendait, du moins au début. Comme l'accident s'était produit en milieu rural dans l'Idaho, juste à l'extérieur de la réserve indienne, nous sommes restés là, en plan, pendant plus d'une heure avant qu'une ambulance ne nous transporte tous les quatre à l'hôpital, à une autre heure de route. Ces deux heures écoulées entre l'accident et notre admission à l'hôpital furent les moments les plus frappants, les plus mémorables et les plus propices à la réflexion que j'aie jamais eus et que je n'aurai plus jamais. Je me trouvai momentanément hors du temps et de l'espace tels que je les connaissais, comme suspendu entre deux mondes.

L'un était le monde de mon passé, tellement merveilleux pour moi, gisant désormais dans un enchevêtrement de tôles sur le côté de la route ; l'autre, celui de mon avenir, m'attendait comme un inconnu effrayant à la fin de mon trajet vers l'hôpital. Je compris que quelque chose d'incompréhensible et d'extraordinaire venait de se produire. Par un étrange coup du sort ou par la manifestation de la providence divine, je me trouvai soudainement plongé dans des circonstances que je n'avais pas choisies et que je n'aurais jamais pu imaginer. J'étais devenu la victime d'une terrible tragédie. Je mis mon âme sens dessus dessous pour trouver des issues à la douleur qui, j'en étais sûr, allait se profiler à mon horizon et à celui de ma famille. Dans cette petite fenêtre de temps, j'épuisai toutes les possibilités, sauf une. Je savais que j'allais devoir souffrir et m'adapter ; impossible d'éviter cette réalité ou de m'y soustraire. Il n'y avait pas d'autre issue que d'aller de l'avant, droit dans l'abîme. La perte provoquée par l'accident avait changé ma vie, me mettant sur une trajectoire que je devrais parcourir, que je le veuille ou non. On m'avait confié un pesant fardeau et imposé un terrible défi. Je faisais face à l'épreuve de ma vie. Une phase de ma vie venait de prendre fin ; une autre, la plus difficile, allait commencer. Lorsque l'ambulance arriva à l'hôpital, j'en sortis pour poser le pied dans un monde tout à fait nouveau.

chapitre 2

Quelle est la pire perte ?

*En dernier ressort, il est hautement improbable
qu'il puisse exister une thérapie qui supprime toutes
les difficultés. L'homme a besoin des difficultés,
elles sont nécessaires à sa santé.*

Carl Jung

Tout le monde subit des pertes. Être en vie et subir des pertes sont synonymes. La perte est parfois naturelle, prévisible et même réversible. Elle se produit à intervalles réguliers, comme les saisons. Nous souffrons de la perte, mais après des jours ou des mois de malaise, nous récupérons et reprenons le cours normal de la vie, celle que nous désirons et sur laquelle nous comptons. La perte hivernale aboutit au gain printanier. De telles pertes définissent notre expérience d'êtres humains normaux. Vivre, c'est changer, et le changement exige que nous perdions une chose avant d'en acquérir une autre.

De cette façon, nous perdons la jeunesse, mais nous gagnons la nature adulte. Nous perdons la sécurité de la maison parentale, mais nous gagnons l'indépendance et l'autonomie. Nous perdons la liberté du célibat, mais nous gagnons l'intimité de la vie conjugale. Nous perdons une fille, mais nous gagnons un gendre. La vie est une succession constante de pertes et de gains. Ce mécanisme offre continuité et même sécurité. Nous nous souvenons des pertes laissées derrière nous et nous tendons vers les gains devant nous. Nous vivons suspendus entre le passé familier et le futur espéré. Le paysage duquel nous jouissons aujourd'hui se dissipe progressivement et finit par disparaître totalement de la vue. Ce qui surgit devant se rapproche, devient plus net et finit par constituer le panorama actuel qui remplit notre champ de vision.

Il existe cependant une autre sorte de perte qui se produit inévitablement dans la vie de tous, même si elle est moins fréquente et certainement moins prévisible. Ce genre de perte a des effets plus dévastateurs, et elle est irréversible. Elle inclut les maladies en phase terminale, l'infirmité, le divorce, le viol, la violence psychologique, physique et sexuelle, le chômage chronique, la déception mordante, la maladie mentale et finalement la mort. Si on peut comparer la perte normale, naturelle et réversible à la fracture d'un membre, la perte catastrophique n'est autre chose qu'une amputation. Les résultats sont permanents, le choc incalculable, les conséquences cumulatives. Chaque nouvelle journée contraint la personne concernée à affronter quelque dimension nouvelle et dévastatrice de la perte. Elle détermine un tout nouveau contexte pour sa vie.

Les récits de telles pertes captivent notre attention, et nous nous souvenons généralement des plus sensationnelles. Il y a bien longtemps, ma mère et moi avons décidé de traverser le pays en voiture, depuis Grand Rapids, dans le Michigan où j'ai grandi, jusqu'à Lynden, dans l'État de Washington, où ma mère avait grandi et où elle avait encore de nombreux proches, pour y passer des vacances. Dans un certain endroit du Dakota du Sud, nous nous sommes arrêtés pour prendre de l'essence. Pendant que le pompiste terminait son travail (c'était avant l'apparition des stations libre-service), nous sommes sortis de la voiture pour nous dégourdir les jambes. Nous avons immédiatement remarqué deux voitures au coin du parking ; elles étaient tellement écrasées qu'il nous fut impossible de reconnaître leur marque ou leur couleur d'origine.

Ma mère demanda au pompiste ce qui était arrivé. Il répondit que la nuit précédente, les chauffeurs de deux voitures bondées d'adolescents jouaient au plus malin sur une route secondaire. Ils se dirigeaient l'un vers l'autre, mais aucun n'avait voulu laisser de la place à l'autre. Le choc fut terrible. La collision frontale tua neuf personnes, pas une seule n'y survécut. J'étais adolescent à cette époque. Leur bêtise fit sur moi une impression durable. Je m'avançai vers les carcasses de voitures et jetai un regard à l'intérieur, contemplant ce qui était devenu une chambre de la mort pour neuf personnes. Je me demandai pourquoi ils avaient fait une chose aussi stupide et comment leurs familles et leurs amis supporteraient cette terrible perte. Je frémis devant une telle tragédie. Je n'avais jamais vu un choc aussi grave et aussi brutal.

Nous sommes enclins à quantifier et à comparer la souffrance et le deuil. Nous parlons du nombre de tués, de la durée de l'hospitalisation, de la gravité des sévices, de la mesure de dysfonctionnement familial, de la difficulté et des inconvénients de la maladie, de la complexité de la procédure entourant un divorce, des séries de malchance. Je l'ai fait, moi aussi. Après l'accident, je me suis trouvé pour la première fois en bout de chaîne de ce processus. Pendant plusieurs jours, les journaux ont relaté l'accident. J'ai reçu des centaines d'appels téléphoniques ainsi que des milliers de cartes et de lettres. Je suis devenu instantanément une célébrité, quelqu'un dont la perte ne pouvait pas être imaginée ni dépassée. Par conséquent, j'ai fréquemment entendu des remarques du genre : « Trois générations tuées dans un seul accident ! » ou : « Toutes les femmes qui comptaient dans votre vie ont disparu, sauf la pauvre Catherine ! » Le plus souvent, on me disait : « Je connais des gens qui ont terriblement souffert, mais ce n'est rien comparé à votre douleur. Vous avez subi la pire perte dont j'ai jamais entendu parler. »

Je me demande toutefois si des expériences de deuil aussi tragiques peuvent se quantifier et se comparer. Le deuil est un deuil, quelles que soient les circonstances. Toutes les pertes sont mauvaises, mais mauvaises de différentes façons. Il n'y a jamais deux pertes rigoureusement identiques. Chacune existe par elle-même et provoque un type de souffrance unique. Ce qui rend chaque perte tellement catastrophique, c'est sa nature dévastatrice, cumulative et irréversible.

À quoi bon quantifier et comparer les deuils ? La perte que j'ai subie était soudaine et traumatisante, comme l'explosion d'une bombe atomique, faisant du paysage de ma vie un désert. De même, ma souffrance a été immédiate et intense, et je me suis plongé dedans comme si j'avais sauté d'une falaise. Malgré tout, les conséquences de la tragédie, elles, étaient claires. Ce qui venait de se produire était évident, de même que ce qui m'attendait. Je pouvais donc immédiatement décider du plan d'action à suivre pour ma famille et moi-même. Quelques jours après l'accident, je me suis trouvé entouré de membres de la famille et d'amis pour examiner comment j'allais affronter mon chagrin, gérer mon foyer et élever mes enfants.

À l'inverse, j'ai une cousine, Leanna, qui souffre d'un myélome multiple, une forme incurable de cancer. Sa perte a été graduelle et sournoise, et elle continuera sans doute à l'être. Le paysage de sa vie se détruit lentement, par petits morceaux. Sa souffrance persiste, et la douleur l'épuise petit à petit, comme la friction répétée use et affaiblit le métal. De petits désagréments, comme marcher avec une canne, lui rappellent à chaque pas qu'elle est malade. Elle n'a aucune idée de ce qui l'attend au cours des trois prochaines années ni même au cours des trois prochains mois. Elle s'inquiète pour ses deux adolescents et pour son mari, atteint de la maladie de Parkinson. Le cancer plane au-dessus d'elle, jetant son ombre sinistre sur tout son univers.

Quelle est la pire perte, la sienne ou la mienne ? Il est impossible de répondre à cette question. Les deux sont mauvaises, mais chacune de façon différente.

J'ai perdu trois personnes que j'aimais tendrement et qui m'aimaient en retour. Bien que nos relations aient été imparfaites, comme toutes les relations, elles étaient cependant vitales et se développaient. Maintenant, en regardant en arrière, je célèbre ces relations pour ce qu'elles étaient. Je conserve avec bonheur les souvenirs des quatre années passées avec Diana Jane, des vingt ans de mariage avec Lynda et des quarante-et-un ans de contact avec ma mère. Mon chagrin était et est toujours pur et doux. J'ai perdu de précieuses relations, et je soupire après elles de tout mon cœur.

Mes amis divorcés affrontent un type de perte totalement différent. Ils ont perdu des relations qu'ils n'ont jamais eues, mais qu'ils désiraient, ou qu'ils ont perdues peu à peu. Même si le divorce les a soulagés, ils auraient souhaité que les choses soient différentes. Ils se rappellent les années perdues, les conflits amers et la trahison, la mort de leur mariage. La colère, la culpabilité et le regret refont surface au souvenir d'un passé décevant qu'ils ne pourront jamais oublier et auquel ils ne pourront jamais se soustraire. Ma rupture a été propre et nette ; la leur, déchirante.

Moi, j'ai pu suivre la trajectoire tracée vingt ans plus tôt ; eux ont dû changer de cap. Je repose la question : peut-on dire quelle perte est la pire ?

Presque immédiatement après l'accident, la ligne entre les vivants et les morts s'est clairement définie. Catherine, David et moi étions meurtris, mais pas gravement blessés. John, lui, était plus sérieusement atteint, mais il se remit assez rapidement. L'accident ne m'a pas laissé avec la responsabilité de devoir m'occuper d'un infirme. Je n'ai pas eu à soigner des blessés pendant des mois ou des années. Je n'ai pas été contraint de prendre des décisions éthiques difficiles, de déterminer si l'on devait continuer ou non d'utiliser un respirateur artificiel. Les vivants ont continué de vivre en bonne santé ; les morts sont morts immédiatement. Ce fut incroyablement terrible de les voir mourir, mais leur décès rapide m'a donné la liberté de focaliser mon énergie sur la poursuite d'une vie digne de ce nom, et sur la construction d'un bon foyer dans des circonstances nouvelles et indésirables.

Certains de mes amis ont connu des traumatismes semblables, mais dans leur cas, les blessures ont entraîné l'infirmité au lieu de la mort. Ces infirmités ont nécessité des années de soins, des centaines de milliers de dollars et une attention de tous les instants. Dans certains cas, les personnes soignantes affrontent des crises presque journalières. Les difficultés continuent d'interrompre le cours de leur vie, exigent de plus en plus de leur temps et de leurs ressources, et épuisent leur énergie. Tout en aimant les membres infirmes de leurs familles, ils éprouvent aussi du ressentiment, ils sont constamment au bout du rouleau, ont des soucis financiers et s'interrogent quant à l'avenir. Je me demande donc encore une fois s'il est possible de quantifier et de comparer les pertes.

Lynda était une femme exceptionnelle. Elle était affable, énergique, simple, compétente et hospitalière. Elle éprouvait du bonheur à se mettre au service d'autrui, et elle aimait ses enfants de tout son cœur. Elle travaillait dur du matin au soir, riait beaucoup plus qu'elle ne pleurait et se réjouissait des choses simples de la vie. Elle était foncièrement bonne et candide. Elle me manque telle qu'elle était, non telle que j'aurais aimé qu'elle soit. J'ai perdu une amie, une amoureuse et une partenaire. Notre vie avait trouvé son rythme de croisière. Presque chaque soir, nous cessions nos activités vers 22 heures. En été, nous nous asseyions sur la balançoire de la véranda et buvions un soda ; en hiver, nous nous installions dans le salon et prenions un chocolat chaud. Nous évoquions le déroulement de la journée et ce que les enfants avaient fait, nous discutions de toutes sortes de sujets, nous racontions des histoires, nous riions, et nous nous serrions l'un contre l'autre. Puis nous passions un moment à prier ensemble. Nous avions des centres d'intérêt communs comme camper, voyager sac au dos, lire, écouter de la musique, jardiner et mettre des fruits et des légumes en conserves. Tous les quinze jours, nous sortions tous les deux. Nous participions tous les deux aux travaux domestiques et à l'éducation des enfants. Notre relation était délicieusement pluridimensionnelle. Son absence affecte presque tous les aspects de ma vie. Je suis hanté par son souvenir. Parfois, je cherche désespérément un seul compartiment de ma vie qui n'aurait pas été touché par sa présence et qui ne souffrirait donc pas de son absence.

J'ai été heureux comme peu l'ont été. Je me souviens de plusieurs femmes qui ont connu des années de violence dans leur foyer, soit contre elles, soit contre leurs enfants. Ces sévices profanaient leur notion innée du bien et du mal et les ont finalement poussées à demander le divorce. Maintenant, elles sont ivres de rage et envisagent de se venger. Elles ressentent la morsure de la trahison et ne cessent de se demander pourquoi elles ont épousé ce genre d'homme. Elles affrontent la dure tâche d'élever des enfants maltraités, souvent difficiles à maîtriser à cause des sévices subis et de la souffrance endurée. Ces femmes ont du mal à faire confiance à quelqu'un, surtout aux hommes. Elles ont souvent l'impression ne n'avoir personne à qui s'adresser.

Faut-il vraiment trancher et dire qui a le plus perdu ?

Je pourrais citer beaucoup d'autres exemples. Toutes les semaines, j'entends parler de la souffrance de diverses personnes. J'ai sans doute toujours entendu de telles histoires, mais tant que je n'ai pas moi-même fait l'expérience de la perte, je n'ai pas écouté attentivement les autres, je n'ai pas permis à leurs récits de traverser la coque protectrice autour de mon cœur. Aujourd'hui, je suis plus sensible à la souffrance d'autrui, moins fermé et moins égoïste. Rien que ce mois-ci, j'ai parlé avec une femme qui tente de reconstruire sa vie après un divorce, qu'elle a demandé après avoir appris que son mari avait infligé des sévices sexuels à ses filles. J'ai discuté avec une autre dont le mari venait de perdre la vie dans un accident d'avion. J'ai encore entendu parler de trois autres femmes qui se battent contre un cancer du sein. J'ai rencontré un couple dont la fille a survécu à un accident de voiture qui a provoqué la mort d'un passager. On m'a parlé d'un homme qui se débat depuis des années avec le chômage et la frustration professionnelle. On m'a encore cité le cas d'un jeune couple qui a épuisé tous les recours médicaux dans sa lutte contre la stérilité. Et je connais un homme dont le commerce est au bord de la faillite. Sans parler d'un couple âgé qui a la charge d'élever ses cinq petits-enfants, tous âgés de moins de cinq ans, parce que la belle-fille a décidé de rejeter ses enfants et que le fils est incapable de s'en occuper. Partout, ce n'est que souffrance, misère humaine et tragédie.

Quelle que soit leur nature, les pertes catastrophiques sont toujours mauvaises, chacune dans son genre. Il est impossible de les quantifier et de les comparer. Nos efforts déployés pour les quantifier ne font qu'exacerber les pertes en nous poussant vers deux attitudes extrêmes et malsaines. Il y a, d'un côté, ceux que nous considérons comme perdants dans cette comparaison, ceux dont nous estimons la perte moindre, et auxquels nous ne reconnaissons pas le droit de définir la perte comme une mauvaise chose. Ils se sentent parfois comme un petit garçon qui s'est égratigné un doigt, mais qui pleure trop pour que les adultes s'intéressent vraiment à lui. Leur perte est jugée insignifiante et ne méritant ni attention ni prise en compte. À l'extrême opposé, il y a les gagnants, ceux qui arrivent à se persuader que personne n'a jamais souffert comme eux, que personne ne saura jamais les comprendre et que personne ne pourra les aider durablement. Ils sont des victimes au dernier degré. Ils se complaisent donc dans leur peine et découvrent un certain plaisir dans leur misère.

Quelle est la pire perte ? Nous devons nous poser la question. Chaque expérience de perte est unique, chacune est douloureuse à sa manière, chacune est aussi mauvaise que l'autre tout en étant différente. Personne ne saura jamais la peine que j'ai connue, parce qu'elle m'appartient en propre, tout comme moi, je ne saurai jamais la nature et l'ampleur de votre peine. À quoi bon quantifier les pertes ? À quoi bon les comparer ? La bonne question à se poser n'est pas : « Quelle perte est la pire ? », mais : « Quel sens pouvons-nous trouver à la souffrance, et comment faire de la souffrance un moyen de croissance ? » Voilà ce que je veux examiner dans le reste de ce livre.

chapitre 3

L'obscurité approche

Meurs avant de mourir.
Tu n'en auras plus la possibilité après.

C. S. Lewis

Une perte soudaine et tragique nous plonge dans une terrible obscurité. C'est aussi inévitable que les cauchemars en cas de forte fièvre. L'obscurité nous enveloppe, malgré tous nos efforts pour la repousser. Bien qu'elle soit menaçante, nous devons lui faire face et lui faire face seuls.

L'obscurité a fondu sur moi peu après l'accident. J'ai passé les trois premiers jours à m'occuper de John, mon fils de deux ans qui hurlait de douleur à cause de la fracture du fémur et qui se révoltait contre l'immobilisation imposée par la traction. J'étais inondé d'appels téléphoniques et de visites. Chaque voix et chaque visage m'arrachaient de nouvelles larmes et m'obligeaient à faire de nouveau le récit de l'accident. Il fallait aussi que je m'occupe des funérailles, sans négliger mes deux autres enfants encore sous le choc de l'accident et désemparés. Ceux-ci avaient l'impression d'avoir été chassés de leur cocon douillet et plongés dans le froid glacial de la souffrance. Pendant ces premiers jours où j'étais très affairé, j'étais cependant assez lucide pour savoir que l'obscurité approchait et qu'elle m'envelopperait bientôt.

Cela se produisit le jour des obsèques. J'avais choisi d'enterrer ma mère Grace, ma femme Lynda et ma fille Diana Jane dans un cimetière à Lynden, Washington, où ma mère avait grandi et s'était retirée, et où vit ma sœur. Pour moi comme pour Lynda, nous nous sentions chez nous à Lynden, même loin de chez nous. La veille de l'enterrement, j'avais décidé, pour une raison inconnue, d'aller voir leurs dépouilles une dernière fois, mais seul. La nuit précédant cette visite, je restai debout, incapable de trouver le sommeil à cause de l'effroi que m'inspirait cette démarche. La scène de l'accident repassait constamment dans mon esprit, comme un film d'horreur qui repasserait sans cesse ses scènes les plus macabres. Il me semblait être au bord de la folie.

Le lendemain matin, je me rendis au funérarium et regardai, incrédule, les trois cercueils ouverts devant moi. À ce moment précis, je me suis senti glisser dans un trou noir d'effroi et d'inconscience. Je flottais dans l'espace, complètement seul au milieu de milliards d'étoiles anonymes et distantes. Les gens semblaient disparaître de ma vue, jusqu'au moment où je les voyais au loin, debout à l'horizon. J'avais du mal à comprendre ce qu'ils disaient, leur voix était tellement faible. Je n'ai plus jamais ressenti une telle angoisse et un tel vide. Ce fut mon premier contact avec les ténèbres existentielles, mais ce ne devait pas être le dernier.

Peu après, je fis un rêve tout en étant réveillé ; je suis sûr qu'il était provoqué par cette expérience initiale de l'obscurité. Le soleil se couchait. Je courais aussi vite que possible vers l'ouest, m'efforçant désespérément de le rattraper et de rester sous sa clarté et sa chaleur. Mais c'était peine perdue. Le soleil me battait à cette course, et je me retrouvai bientôt dans la pénombre. Épuisé, je m'arrêtai et regardai par-dessus mon épaule vers l'est, avec un pressentiment sinistre. Je vis un énorme nuage noir s'approcher de moi. J'étais terrifié. Je voulus reprendre ma course en direction du soleil, tout en sachant que c'était vain, car il s'était déjà révélé plus rapide que moi. Je perdis donc tout espoir, m'affalai sur le sol et sombrai dans le désespoir. Je pensais à ce moment-là que je vivrais éternellement dans l'obscurité. Une terreur absolue s'empara de mon âme.

Quelques jours plus tard, je racontai mon rêve à l'un de mes cousins qui est pasteur et poète. Il évoqua un poème de John Donne pour qui, bien qu'éloignés le plus possible sur une carte, l'est et l'ouest se rejoignent sur un globe. Ce qui semble d'abord être à l'opposé l'un de l'autre – l'est et l'ouest – finit par se réunir si nous suivons l'un ou l'autre assez loin et assez longtemps. Ma sœur Diane me dit plus tard que le chemin le plus rapide pour atteindre le soleil et la lumière du jour, ce n'est pas de courir vers l'ouest, à la poursuite du soleil couchant, mais de se diriger vers l'est, de plonger dans la nuit jusqu'à ce qu'on arrive au lever du soleil.

J'ai découvert à ce moment-là que j'avais le pouvoir de choisir la direction que je voulais imprimer à ma vie, même si le seul choix qui m'était offert, du moins au début, était soit de tourner le dos à la perte subie, soit de l'affronter du mieux possible. Sachant que l'obscurité était inévitable et inéluctable, j'ai décidé qu'à partir de ce moment-là, je m'enfoncerais dans l'obscurité au lieu de lui tourner le dos, je me laisserais conduire où elle le voudrait bien par mon expérience du deuil et je me soumettrais à l'action transformatrice de la souffrance au lieu de m'imaginer que je pourrais l'éviter. J'ai décidé de braver la douleur, certes avec beaucoup d'hésitation, et de céder à la perte, sans savoir alors ce que cela signifierait.

Il me fut aussi difficile que nécessaire de m'abandonner au chagrin. Il est survenu tant de façon spontanée que sur commande. Je ne pouvais pas toujours choisir le meilleur moment et le meilleur endroit pour pleurer ; il se présentait occasionnellement aux moments les plus inattendus et les moins favorables, comme au beau milieu d'un cours que je donnais à l'université ou durant une conversation. Je fus surpris de constater combien peu cela choquait les autres. De fait, mon débordement de tristesse les invitait à pleurer leurs propres pertes et faisait de l'expression de ma peine un élément normal et naturel de la vie quotidienne.

Il n'empêche que j'essayais de me réserver du temps et un lieu de solitude pour pouvoir descendre seul dans l'obscurité. Le moment qui me convenait le mieux, c'était le soir tard, quand les enfants étaient couchés. Parfois, j'écoutais de la musique – le plus souvent des *requiem*, des chants grégoriens ou d'autres chants choraux ; parfois, j'écrivais dans mon journal personnel et je lisais de bons ouvrages. Mais généralement, je restais assis dans mon fauteuil à bascule et regardais dans le vide, revivant l'accident et me rappelant les êtres que j'avais perdus. Mon âme était angoissée et je versais des larmes amères.

Je voulais prier, mais ne savais pas que dire, comme abasourdi par ma propre douleur. Les soupirs étaient le seul langage que je pouvais utiliser, mais je croyais que Dieu les comprenait. Je me souvenais avoir lu ce que Paul avait écrit aux Romains, à savoir que parfois, écrasés par le chagrin, nous ne savons pas comment prier. L'apôtre ajoute toutefois que notre mutisme ne scandalise pas Dieu et ne traduit pas un manque de foi. C'est plutôt une invitation adressée à Dieu de s'approcher et d'intercéder pour nous « par des soupirs inexprimables[1] », comme le fait une bonne mère lorsqu'elle tient sur ses genoux un enfant profondément chagriné.

Cette solitude nocturne, aussi douloureuse et exigeante qu'elle ait été, devint une expérience sacrée parce qu'elle m'octroyait le temps de faire un deuil sincère et de réfléchir intensément. Elle me donnait aussi la liberté, pendant le jour, de reporter mon énergie sur mon enseignement et sur les soins à accorder à mes enfants. Je luttais contre l'épuisement, comme je le fais encore maintenant. Pourtant, je trouvai la force d'aller de l'avant malgré la privation de sommeil. Cela ne pouvait qu'être un don de Dieu.

Ma décision d'entrer dans l'obscurité fut lourde de conséquences, positives et négatives. Ce fut le premier pas vers la croissance, et en même temps, le premier pas vers la souffrance. Je n'avais alors aucune idée de la nature tumultueuse que revêtirait ma douleur. J'ignorais les profondeurs de la souffrance dans laquelle je descendrais. Pendant des mois, j'ai regardé fixement l'accident et revécu son traumatisme. Tout en sachant intuitivement que je devais l'avoir en point de mire, je reculais devant la scène de mort et d'horreur dont j'avais été le témoin. Catherine et David parlèrent de l'accident, eux aussi, et en surprirent plus d'un par le souvenir qu'ils en gardaient des moindres détails. Je souffris de grave dépression qui, en plus de la frustration, du désarroi et de l'épuisement, devint une compagne importune et encombrante pendant plusieurs mois. Mon univers était devenu aussi fragile que la vie des bien-aimés que j'avais perdus.

Ce sentiment d'obscurité me préoccupa tellement que je devins incapable de me concentrer sur mes responsabilités ordinaires. Je devins un robot programmé pour effectuer certaines tâches dont je m'acquittais fort bien grâce aux habitudes cultivées au fil des ans. À la fin de la journée, je regardais en arrière et me rappelais ce que j'avais accompli comme si c'était mon corps, et non moi, qui l'avait fait. Un profond fossé séparait le moi qui faisait mon travail du moi qui m'observais dans les ombres. Mon calendrier était rempli de responsabilités professionnelles et domestiques. J'enseignais à l'université, je conseillais des étudiants, j'assistais à des réunions, puis je rentrais chez moi pour faire les repas, plier le linge et consacrer du temps à mes enfants. Je m'acquittais de tous ces devoirs par obligation. Je vivais toutefois ma vie comme si j'avais été un homme qui fait une expérience hors du corps.

Les ténèbres persistèrent longtemps et elles persistent encore aujourd'hui, alors que je découvre de nouvelles dimensions de ma perte. Ainsi, j'ai appris très tôt que je n'avais même pas le loisir ni la commodité de faire globalement le deuil de mes bien-aimés. Je devais les pleurer chacun individuellement. Alors que le chagrin lié à la perte de l'un s'estompait, celui lié à la disparition d'un autre augmentait. Lorsque je ne me rappelais pas l'anniversaire de l'un, c'était celui d'un autre qui s'imposait à mon esprit. Tel morceau de musique éveillait ma tristesse pour Lynda, tel autre me rappelait Diana ou ma mère. Je devais affronter ce que je ressentais comme une vague de tristesse après l'autre. J'avais beau essayer, il m'était impossible de m'y soustraire. La souffrance était tenace, comme la chaleur du midi en plein Sahara.

Ce n'est pourtant là qu'une partie de la réalité. La décision d'affronter l'obscurité, même si elle entraîne une souffrance indicible, m'a montré que l'expérience du deuil n'était pas nécessairement le moment déterminant de notre vie. En revanche, ce qui peut l'être, c'est *notre réaction* au deuil. Ce qui compte, c'est moins ce qui *nous* touche que ce qui se produit *en nous*. Il est vrai que l'obscurité a envahi mon âme, mais la lumière aussi, par la suite. Les deux ont participé à ma transformation personnelle.

Ma première prise de conscience du changement qui s'opérait en moi se produisit lorsque je me mis à réfléchir à la manière dont je m'acquittais de mes responsabilités ordinaires, desquelles je me sentais tellement dissocié. Bien que ne me sentant pas plongé dedans, j'étais au moins en mesure d'y réfléchir, même si c'était de loin. Je fus frappé en découvrant combien la vie ordinaire est merveilleuse. Le simple fait d'être vivant me parut sacré. En dactylographiant des sujets d'examen, en bavardant avec un étudiant tout en me rendant vers ma classe ou en bordant un des enfants le soir au coucher, je sentais que j'accomplissais quelque chose de sacré. Mes contacts avec les étudiants me donnèrent des occasions surprenantes d'écouter et d'encourager. L'heure du coucher de Catherine, de David et de John me permit de leur transmettre la bénédiction et l'amour de Dieu. Je n'avais pas pris entièrement conscience de la valeur de ces instants ordinaires, mais je commençais à percevoir leur profondeur.

Autrement dit, tout en connaissant les affres de la mort, je faisais en même temps l'expérience de la vie comme jamais auparavant, non une fois l'obscurité disparue comme on aurait pu s'y attendre, mais *dans* l'obscurité. Je n'ai pas traversé la peine pour en sortir à l'autre bout ; j'ai plutôt vécu dans la douleur et découvert en elle la grâce de survivre et finalement de me développer. Je ne me suis pas remis de la perte de mes bien-aimés ; j'ai absorbé cette perte dans ma vie comme le sol absorbe les matières en décomposition. La perte est ainsi devenue une partie de moi-même. La tristesse a élu domicile de façon permanente dans mon âme et l'a dilatée. J'ai peu à peu appris que plus nous pénétrons profondément dans la souffrance, plus nous entrons profondément dans une vie nouvelle et différente, une vie qui n'est pas pire qu'avant, et parfois même meilleure. Le premier pas consiste à vouloir aborder la perte et pénétrer dans l'obscurité. Comme tous les premiers pas, il est sans doute le plus difficile à faire et demande le plus de temps.

Il n'y a pas grand-chose que nous puissions faire pour nous protéger de ces pertes. Elles sont aussi inévitables que le vieillissement, la peau ridée, les douleurs articulaires et la perte de la mémoire. En revanche, nous pouvons faire beaucoup en décidant comment réagir à ces pertes. Nous ne sommes pas toujours libres de choisir le rôle que nous voulons jouer dans la vie, mais nous pouvons choisir la manière dont nous tiendrons le rôle qui nous a été attribué.

Le choix est donc fondamental. Nous pouvons fuir l'obscurité ou y entrer et affronter la souffrance du deuil. Nous pouvons nous apitoyer sur nous-mêmes ou nous mettre à la place des autres et ressentir leur peine. Nous pouvons tourner le dos à la tristesse et la noyer dans les dépendances ou apprendre à vivre avec le chagrin. Nous pouvons entretenir la plaie inhérente au fait d'avoir été trompé dans la vie ou cultiver la gratitude et la joie, même sans raison apparente. Nous pouvons rendre le mal pour le mal ou triompher du mal par le bien. C'est ce pouvoir de choisir qui confère de la dignité à notre nature humaine et nous permet de transcender nos circonstances, nous libérant ainsi d'une vie de simple victime. Ces choix ne sont *jamais faciles*. Bien que nous puissions et devions les faire, ce sera rarement sans agonie et sans lutte.

Il y a plusieurs années, j'ai lu l'ouvrage de Viktor Frankl, *Découvrir un sens à sa vie*, un livre qui explore ce que, par expérience personnelle, l'auteur a découvert sur le pouvoir du choix, en particulier en présence d'un deuil terrible et des ténèbres. J'ai relu ce livre deux ans après l'accident et compris comme jamais auparavant ce que l'auteur croyait et défendait si éloquemment. Pendant ses années de captivité dans les camps nazis de la mort, durant la Seconde Guerre mondiale, Frankl constata que les prisonniers qui utilisaient leur faculté de choisir leur façon de réagir aux circonstances faisaient preuve de dignité, de courage et de vitalité intérieure. Ils avaient trouvé le moyen de *transcender* leur souffrance. Certains choisirent de croire en Dieu, malgré toutes les preuves du contraire. Ils décidèrent d'espérer des lendemains meilleurs, même si rien ne permettait de les entrevoir. Ils choisirent d'aimer, malgré l'environnement odieux dans lequel ils vivaient.

En d'autres termes, ils refusèrent de céder au pouvoir de leurs gardiens et des circonstances. Alors que le monde extérieur était effroyable, ils se réfugiaient dans un autre monde, un monde intérieur sur lequel ils pouvaient exercer une certaine maîtrise.

Ils affirmaient de la sorte qu'ils étaient davantage que le produit de leurs circonstances. Comme l'a fait remarquer Frankl, ces rares personnes s'efforçaient de transformer la vie en triomphe intérieur et se dépassaient ainsi spirituellement[2].

Pour Frankl, le genre de personne que le prisonnier était devenu résultait de toute évidence d'une décision intérieure et non seulement des influences du camp. À la fin, il déclare : « Les expériences de la vie au camp montrent que l'homme dispose vraiment d'un choix d'action. Il y avait assez d'exemples, parfois de nature héroïque, qui prouvaient que l'être humain peut surmonter l'apathie, supprimer l'irritabilité. Il peut conserver des vestiges de liberté spirituelle, d'indépendance d'esprit, même dans des conditions aussi terribles de stress psychique et physique[3]. » Frankl conclut que ces prisonniers transcendaient leurs circonstances parce qu'ils avaient découvert un sens à leur souffrance. « Si la vie a vraiment un sens, il doit aussi y avoir un sens à la souffrance. Celle-ci est une partie inextirpable de la vie, au même titre que le destin et la mort. Sans la souffrance et la mort, la vie humaine ne saurait être complète[4]. »

Frankl fait remarquer que c'est cette faculté de choisir qui maintint des prisonniers en vie. Ils focalisaient leurs énergies intérieurement et observaient ce qui se passait dans leur âme. Ils apprirent que la tragédie peut augmenter la capacité de l'âme d'accueillir l'obscurité et la lumière, le plaisir aussi bien que la douleur, l'espoir aussi bien que l'abattement. L'âme possède la capacité de connaître et d'aimer Dieu, de devenir vertueuse, d'apprendre la vérité et de vivre selon des convictions morales. L'âme est élastique, comme un ballon gonflable. Elle peut se dilater par la souffrance. La perte peut augmenter sa capacité à se mettre en colère, à déprimer, à désespérer et à s'angoisser, des émotions naturelles et légitimes chaque fois qu'un deuil ou une perte nous frappent. Une fois dilatée, l'âme peut également connaître une mesure plus grande de joie, de force, de paix et d'amour. Les réalités que nous considérons comme des opposés – l'orient et l'occident, la nuit et la lumière, la tristesse et la joie, la faiblesse et la force, la colère et l'amour, le désespoir et l'espoir, la mort et la vie – ne s'excluent mutuellement pas davantage que l'hiver et la lumière du soleil. L'âme a la capacité d'expérimenter ces opposés, même simultanément.

Nicholas Wolterstorff, un philosophe qui enseigne à Yale, perdit son fils adulte dans un tragique accident d'alpinisme il y a plusieurs années. Il conserva le journal personnel de son expérience de deuil qu'il publia ensuite sous le nom de *Requiem pour un fils*. Il arriva à une conclusion semblable à celle de Frankl. À un moment donné, il fait part de sa propre expérience de souffrance :

> Parfois, lorsque le cri est déchirant, il s'accompagne d'une lueur qui n'apparaît que rarement ; c'est une aura de courage, d'amour, d'espérance, d'altruisme, de foi. Ce rayonnement glorieux nous rappelle ce que l'humanité aurait dû être... Dans la vallée de la souffrance, on rumine le désespoir et l'amertume. Mais on se forge aussi un caractère d'acier. La vallée de la souffrance devient le moule où se façonne l'âme[5].

Il n'est donc pas vrai que la perte nous diminue, sauf si nous lui permettons de nous diminuer, de broyer notre âme et la réduire en un ego extérieur totalement soumis aux circonstances. La perte peut aussi nous amplifier. Dans l'obscurité, nous pouvons trouver la lumière, et dans la mort, trouver la vie. Tout est fonction de nos choix. Bien que ces choix soient difficiles à opérer et rarement effectués précipitamment et facilement, il nous est cependant possible de les faire. C'est en décidant de prêter attention à notre âme que nous apprendrons que la vie est loin de se réduire uniquement au monde extérieur qui nous entoure, qu'il soit merveilleux ou abject. Nous découvrirons le monde intérieur. Cette attention portée à l'âme n'engendre pas nécessairement le nombrilisme. En fait, elle nous oriente ensuite vers le monde extérieur et nous rend plus compatissants et plus justes que nous l'aurions été autrement.

Loin de moi l'idée que nos choix auront toujours des résultats heureux. Surtout si nous faisons carrément face à nos pertes. Lorsque nous plongeons dans l'obscurité, nous connaissons l'*obscurité*. Nous goûtons alors à la souffrance, à l'angoisse, à la tristesse et au désespoir, et nous découvrons la laideur, la mesquinerie et l'absurdité de la vie. Nous broyons du noir autant que nous espérons, nous rageons autant que nous cédons, nous doutons autant que nous croyons. Nous sommes aussi souvent indifférents que pleins d'espoir, et nous connaissons la tristesse avant d'éprouver la joie. Nous nous lamentons profondément et vivons cependant bien. Nous faisons l'expérience de l'ambivalence inhérente au fait de vivre simultanément dans l'obscurité et dans la lumière.

La décision d'entrer dans l'obscurité ne nous conduit donc pas sur un chemin facile. L'obscurité ne se dissipe pas aussi rapidement que lorsque des enfants effrayés par la nuit cherchent en tâtonnant dans le noir l'interrupteur qui permet à la lumière soudaine de calmer leurs frayeurs. Dans notre cas, la nuit tire en longueur, peut-être même jusqu'à la fin de notre vie terrestre. Même si nous parvenions à surmonter notre peine (ce dont je doute), nous serons de toute façon plus sensibles à la peine des autres et plus conscients des ténèbres qui enveloppent le monde. La décision d'entrer dans l'obscurité ne garantit pas que nous sortirons complètement à l'autre bout du tunnel. Je ne suis pas sûr que nous le puissions ou le devions.

Est-il possible de vivre ainsi ? D'éprouver de la tristesse pour le restant de nos jours et en même temps trouver de la joie ? Peut-on entrer dans l'obscurité et tout de même mener une vie ordinaire et productive ? La perte nous oblige à vivre dans une *tension fragile*. Nous devons nous lamenter et cependant continuer de vivre. Nous avons peut-être l'impression que la terre s'est arrêtée de tourner, mais ce n'est pas vrai. L'herbe continue de pousser, les factures continuent de s'empiler, les maisons se salissent, il faut continuer d'élever les enfants, de faire son travail, de prendre soin des gens. Il était évidemment hors de question que je donne libre cours à ma tristesse chaque fois que je me sentais triste. Je ne voulais pas constamment céder aux caprices et aux désirs de l'émotion à fleur de peau, et je devais assumer des responsabilités qui ne pouvaient être différées. Il m'arrivait de pleurer devant les gens, et cela m'arrive encore. Mais je me ressaisissais rapidement et reprenais le cours normal de mes activités, aussi bien sur mon lieu de travail qu'à la maison.

Après tout, je *devais* prendre soin de mes enfants pour des raisons évidentes. Je *devais* cependant aussi veiller à mon bien-être émotionnel. Ma vie professionnelle me donnait l'occasion d'agir dans un monde qui n'avait pas été directement affecté par la tragédie, contrairement à ma vie familiale. De plus, j'avais à l'université des amis proches qui m'encourageaient à pleurer, et qui pleuraient avec moi. Ma perte en vint à faire tellement partie de l'environnement professionnel de mes collègues qu'il n'était pas rare que nous marquions une pause pour pleurer et méditer lors d'une réunion avant de reprendre le cours de nos activités normales. J'appris ainsi simultanément à vivre et à vivre mon deuil.

Au bout de trois ans, je vis toujours dans cette tension. Une différence importante est cependant intervenue. La tristesse que je ressentais n'a pas disparu, mais elle s'est intégrée à ma vie comme une partie douloureuse d'un ensemble sain. Au départ, ma perte me semblait tellement importante que c'était mon émotion dominante et parfois la seule émotion ressentie. C'était comme si j'avais été fasciné par la vue de la souche d'un arbre immense qui venait d'être abattu dans mon jardin. Cette souche, toute seule, me faisait penser à l'arbre précieux que je venais de perdre. Je ne pouvais penser à rien d'autre qu'à cet arbre. Chaque fois que je regardais par la fenêtre, la souche était la seule chose que je voyais. Mais avec le temps, je décidai d'agir. J'aménageai ma cour arrière en en reprenant possession. Je décidai de laisser la souche à sa place, car elle était trop grosse et trop précieuse pour l'ôter. Au lieu de me défaire d'elle, je la mis en valeur en aménageant son pourtour. Je plantai tout autour des buissons, des arbustes, des fleurs et du gazon. J'aménageai un sentier caillouteux et j'installai deux bancs. Puis, j'observai comment la végétation poussait. Aujourd'hui, trois ans plus tard, la souche est toujours là et continue de me rappeler l'arbre aimé que j'ai perdu. Mais elle est entourée d'un joli parterre de fleurs épanouies, d'arbustes qui poussent et d'herbe grasse. De la même manière, la tristesse que j'éprouve subsiste, mais je me suis efforcé de créer un paysage agréable autour de la perte de sorte que ce qui était autrefois laid s'intègre désormais dans un ensemble plus vaste et charmant.

Ma propre perte catastrophique m'a enseigné l'incroyable pouvoir du choix – celui de pénétrer dans l'obscurité et d'éprouver de la tristesse comme je l'ai fait après l'accident, tout en travaillant et en prenant soin des gens, notamment de mes enfants. Je voulais tirer le plus possible de la perte sans négliger pour autant mes responsabilités ordinaires. Je voulais intégrer ma douleur à ma vie afin d'émousser partiellement son tranchant. Je voulais apprendre la sagesse et me développer. J'avais connu assez de destruction ; je ne voulais pas réagir à la tragédie en exacerbant le mal que j'avais déjà subi. Je savais qu'en fuyant l'obscurité, je ne ferais que m'exposer à une obscurité plus grande ultérieurement. Je savais également que mon âme avait la capacité de se développer, d'absorber le mal et le bien, de mourir et de revivre, de souffrir de l'abandon et de trouver Dieu. En choisissant d'affronter la nuit, j'ai fait le premier pas vers le soleil levant.

chapitre 4

Le hurlement silencieux de la douleur

*Mon père avait coutume de dire que c'est en souffrant
soi-même que l'on comprend la douleur des autres, en
se tournant intérieurementvers soi-même, en trouvant
sa propre âme.Et il est important de savoir ce qu'est
la douleur, disait-il.*

Chaim Potok

Les gens qui subissent une perte ressentent une douleur indicible. Elle semble parfois insupportable.

Je me suis souvent dit, pas toujours de façon convaincante, que la douleur est un don, un signe sûr que nous sommes vivants. Seuls les morts ne souffrent plus ; j'inclus parmi ces morts ceux qui, bien que vivants, ont rejeté depuis si longtemps l'amour, la bonté et la tristesse, qu'ils ne sont plus en mesure de ressentir quoi que ce soit.

La douleur est un don parce qu'elle prouve que nous sommes capables de ressentir ce qui fait mal, dans notre corps, mais aussi dans notre âme. La douleur physique démontre que nous avons par nos sens la capacité d'expérimenter le côté négatif de la vie dans le monde. Nos terminaisons nerveuses nous envoient des messages au sujet du monde, ils nous avertissent de ses dangers et nous informent aussi de ses plaisirs. La douleur est ainsi le revers du plaisir. Les nerfs qui nous parlent de l'un nous renseignent aussi sur l'autre. L'œil qui cligne sous l'effet d'une lueur vive est également capable de s'extasier devant un sommet montagneux ou un pré couvert de fleurs sauvages. Le nez qui se froisse à l'odeur nauséabonde d'un animal mort dans le vide sanitaire de la maison dirige également nos pas vers la cuisine où cuit le pain. Nos papilles gustatives, qui nous font cracher des aliments avariés, nous font aussi apprécier avec délectation une délicieuse crème glacée. Les oreilles qui nous font grimacer au hurlement d'une sirène nous plongent dans la béatitude à l'écoute d'une symphonie de Beethoven.

L'index est une merveille de nerfs bien accordés, un instrument à la précision remarquable. Il peut, par exemple, tirer du violon une grande variété de sons sous le jeu d'un virtuose. Il peut nous communiquer une gamme étendue de sensations, depuis la douceur d'un plumage jusqu'à la piqûre d'un cactus. Il est même capable de faire ressentir l'amour lorsqu'il passe dans les cheveux d'un être aimé ou frotte doucement les épaules d'un ami.

Mais l'index peut également nous arracher des cris. Son pouvoir de communiquer la sensation de plaisir est égal à celui de faire ressentir la douleur. Les mêmes nerfs transmettent les deux sensations. Une écharde dans le pied peut faire souffrir, mais beaucoup moins qu'une écharde dans le doigt. Une brûlure est douloureuse n'importe où sur le corps, mais il est peu d'endroits où elle fait autant souffrir que sur l'index. Il nous incite à faire quelque chose pour atténuer ou supprimer la douleur.

La maladie de Hansen (aussi connue sous le nom de lèpre) est souvent mortelle parce qu'elle atteint les terminaisons nerveuses et les empêche de faire sentir la douleur à la personne qui en est atteinte. Ainsi, une écharde plantée sous l'ongle d'un lépreux ne le fait pas crier de douleur. Le malade ne sait donc pas qu'il doit ôter l'écharde et soigner son doigt pendant qu'il guérit. Par conséquent, de petites blessures peuvent s'aggraver avec le temps. Des plaies s'infectent et deviennent purulentes, et le doigt disparaît, tout simplement parce que les nerfs n'ont pas fait ressentir la douleur.

Ce qui est vrai du corps l'est aussi de l'âme. La perte est douloureusement ressentie à la mesure du plaisir que procure la vie ; la souffrance est proportionnelle à la valeur de ce qui a été perdu. La douleur aiguë que je ressens en pensant à la disparition de ma mère, de ma femme et de ma fille reflète le pur plaisir que j'éprouvais à les connaître. Impossible d'avoir le plaisir sans la souffrance, car les deux montrent ce que l'âme est capable de ressentir, parfois simultanément.

Dans le cadre de mon expérience, la souffrance initiale de la perte a été périodique et j'ai eu l'énergie et la volonté de la combattre. J'ai lutté contre la douleur *en la niant*, par exemple. Pendant un certain temps, tout m'a paru comme un rêve, difficilement réel, comme une histoire triste que j'aurais lue et aussitôt oubliée. Je m'efforçais de m'occuper de la maison de la même manière qu'avant l'accident, comme si rien ne s'était produit. Je m'affairais efficacement pour ne pas donner à la douleur le temps et l'espace d'entrer en moi. Je chassais mon chagrin comme s'il avait été un bref interlude dans une vie par ailleurs normale, saine et heureuse.

Des amis qui ont connu une tragédie semblable font état d'histoires similaires. Un couple dont le premier enfant naquit avec de graves infirmités crut pendant des mois qu'un « miracle » résoudrait les problèmes de santé de la fillette. Je connais une femme qui a banalisé la mort de son mari, collé un sourire sur son visage et tenté de se persuader qu'après tout, sa perte n'était pas aussi terrible que cela. Chaque fois que des amis lui demandaient comment elle allait, elle répondait : « Merveilleusement bien. Je ne pourrais aller mieux. » Quand ils lui proposaient leur aide, elle répliquait : « Je n'en ai vraiment pas besoin. Je vais tout à fait bien. » Un de mes amis, récemment divorcé, a fait de nouveaux projets, s'est fixé de nouveaux objectifs et a accepté de nouvelles responsabilités au point de consacrer complètement son temps et ses forces à ses occupations. Au départ, il a lui aussi refusé d'affronter sa perte.

Le déni remet à plus tard ce qu'il conviendrait d'aborder. Les personnes dans le déni refusent de considérer la perte pour ce qu'elle est véritablement, c'est-à-dire une réalité terrible qui ne peut s'inverser. Elles esquivent la douleur au lieu de lui faire face. Mais ce refus a un prix. En fin de compte, il atténue la capacité de leur âme à se dilater en réaction à la douleur. Ces personnes commettent la même erreur que les patients qui, après une grosse opération, refusent de se lever et de faire fonctionner leurs muscles. Ils disent à qui veut les entendre qu'ils se sentent parfaitement bien. En réalité, le déni de leur problème atrophie leurs muscles au point que ces malades finissent par ne plus pouvoir quitter le lit. Finalement, le déni entraîne une perte plus grande.

Alors qu'elle n'avait que quatre ans, ma mère perdit sa maman d'insuffisance rénale lors de l'épidémie de grippe espagnole de 1919-1920. Ma mère me raconta que la façon de faire son deuil à cette époque consistait à prétendre qu'il n'y avait pas eu de deuil ou que la personne décédée n'avait jamais existé. On rencontre encore de nos jours cette forme de déni. On n'accroche plus au mur le portrait du disparu, on ne prononce plus son nom, on ne donne pas libre cours à la tristesse, on ne verse pas de larmes, on n'évoque pas de souvenirs. En somme, on règle le problème de la douleur en refusant de l'aborder.

J'ai également combattu la peine en *marchandant*, comme si je pouvais l'esquiver par une habile négociation. J'ai envisagé de remplacer les relations perdues par des relations susceptibles de m'aider à faire la transition rapidement et commodément, mais j'ai été amèrement déçu lorsque, durant la première année, deux relations tombèrent à l'eau aussi vite qu'elles s'étaient nouées. J'ai aussi songé à trouver une autre vie en déménageant et en acceptant un travail différent pour me soustraire à la vie infernale que j'étais obligé de mener après l'accident. J'ai imaginé avoir le pouvoir de revivre ce jour tragique et de modifier le cours des événements qui avaient abouti au drame. Je me disais : « Si seulement nous nous étions attardés un peu plus dans la réserve indienne, ou si nous nous étions arrêtés deux secondes de plus au stop ou pour changer de place dans la voiture. »

Par ailleurs, j'ai essayé de noyer ma peine en *donnant libre cours* à mes appétits. Durant les premiers mois après l'accident, j'ai passé une bonne partie de mon temps assis seul. Le silence et la solitude me consolaient. J'ai pourtant connu une autre période longue d'environ deux mois, où j'ai mis fin à cette recherche de solitude en regardant la télévision presque tous les soirs de 22 heures à 2 heures du matin. La solitude m'était tout simplement devenue insupportable. Je ne voulais pas me glisser dans un lit vide, ni réfléchir à la raison pour laquelle il était vide. Je fus encore tenté de satisfaire d'autres appétits, mais des amis proches et des membres de ma famille m'en empêchèrent. Ils se souciaient tellement de moi qu'ils m'encouragèrent assidûment à rester fidèle à mes convictions.

Beaucoup de gens succombent à des dépendances après avoir connu une perte. Celle-ci interrompt et détruit le bon ordre et la familiarité de leur univers. Ils se sentent tellement désespérés et désorientés devant la disparition totale de l'ordre habituel qu'ils font la bringue. Ils comblent leurs sens de tout ce qui peut momentanément les saturer parce qu'ils ne supportent pas l'idée de songer aux conséquences à long terme de leur perte. C'est pour cela qu'ils regardent le petit écran dès qu'ils ont un instant de libre, travaillent soixante heures par semaine, sombrent dans l'alcool, s'adonnent à une vie sexuelle débridée, s'empiffrent de nourriture, dépensent sans compter. En agissant ainsi, ils maintiennent la souffrance à bonne distance.

Finalement, j'ai résisté à la douleur en *donnant libre cours à la colère*. J'ai cru que la vengeance atténuerait quelque peu ma souffrance. Je voulais que quelqu'un paie le prix de ma perte. Je souhaitais que le présumé chauffeur de l'autre voiture passe le restant de ses jours en prison ou qu'il soit sauvagement assassiné, comme si en augmentant sa souffrance, je diminuerais la nôtre. Je me souviens de conversations avec mes enfants au cours desquelles ils ont exprimé une colère comparable contre le « meurtrier » de leur mère, de leur sœur et de leur grand-mère. « J'espère qu'il souffre en enfer ! » s'écria l'un d'eux. « J'espère que quelqu'un le blessera autant qu'il nous a blessés » ; « J'espère que Dieu le punisse. » Il m'arrivait même de souhaiter que le monde entier souffre. Je ne ressentais aucune tristesse ni peine en lisant ou en écoutant des histoires décrivant la souffrance d'autres personnes. « Nous avons bien souffert ; pourquoi les autres ne souffriraient-ils pas ? », me disais-je cyniquement tout bas.

J'en voulais également à Dieu. Parfois, l'idée de l'invoquer me semblait vaine, et d'autres fois, je voulais le maudire, comme si l'un ou l'autre aurait pu changer quelque chose à ma situation. À d'autres moments, du fond de mon angoisse, j'ai crié à lui. « Comment as-tu pu faire une chose pareille à des innocents ? À mes enfants ? À moi ? » Parfois, je m'en prenais à mes enfants, sortant de mes gonds quand ils désobéissaient. Ou je m'en voulais à moi-même, me sentant coupable d'avoir été épargné dans l'accident, alors que d'autres, que j'estimais plus dignes que moi de vivre, étaient morts.

Quelques amis me mirent en garde contre cette colère, mais je me disais que Dieu était assez grand pour supporter ma colère et assez compatissant pour la comprendre. Puisque Dieu avait été patient avec Job, il le serait aussi avec moi. Par ailleurs, ma colère me posait déjà un problème de taille, car je savais que la rage peut facilement se transformer en amertume. Je ne voulais pas aggraver le problème en croyant que Dieu était tellement faible qu'il ne pouvait pas encaisser mon irritation et qu'il se dresserait contre moi. Je trouvai du réconfort dans de nombreux psaumes, où les auteurs exposent librement à Dieu leur angoisse et leur colère. Je vois avec le recul que ma foi s'était faite mon alliée et non mon adversaire, car je pouvais exprimer ma colère librement, même contre Dieu, sans craindre d'être frappé.

Au même titre que le déni, le marchandage ou les dépendances, la colère n'est qu'un autre moyen de détourner la souffrance, de la tenir à distance, de la combattre. Nous refusons d'héberger la souffrance et d'en faire l'expérience en raison de son caractère infernal. La douleur de la perte est cependant tenace. Elle rôde en permanence et se lance à nos trousses jusqu'à ce qu'elle nous atteigne. Elle est aussi persistante que le vent dans les Prairies, aussi constante que le froid dans l'Antarctique, aussi érosive qu'une débâcle printanière. Elle n'accepte pas d'être niée et il n'existe aucun moyen de s'y soustraire. Tout compte fait, le déni, le marchandage, les dépendances et la colère ne sont que de simples tentatives de dévier de ce qui à la fin triomphe de nous tous. La douleur aura son temps parce que la perte est indéniablement et désespérément réelle.

Ces réactions initiales à la perte sont naturelles, puissantes et même légitimes. Elles envoient un signal indiquant qu'il y a dans notre vécu quelque chose d'irrémédiablement faussé. Elles ressemblent à la fièvre qui révèle un problème plus profond, une maladie somatique. Ces réactions nous invitent à examiner le problème plus profond et voir ce qui nous rend la vie si menaçante et si terrible. Mais elles peuvent aussi nous empêcher de procéder à cet examen. C'est pourquoi, bien que naturelles, elles peuvent également nous égarer et nous faire croire qu'elles nous permettent de contourner le problème au lieu de nous en indiquer l'entrée. Il nous faut par conséquent en être conscients, tout en veillant à ne pas nous laisser entraîner à penser qu'elles ne sont que les étapes à franchir pour sortir de notre situation.

Dans le cadre de mon expérience, je n'ai donc pas estimé utile ni vrai de considérer ces différentes réactions comme des « étapes » par lesquelles je devais passer dans mon cheminement vers la « guérison ». Et cela pour la bonne raison que je ne les ai pas dépassées et que je ne suis pas du tout sûr de les dépasser un jour. Je continue d'éprouver de la colère, de marchander avec Dieu, d'être tenté de satisfaire mes appétits et de vouloir nier la réalité de la tragédie. Je ne ressens plus le besoin de fuir avec la même ardeur qu'autrefois, mais cela tient au fait que ma capacité interne de vivre avec la perte s'est développée. Ma perspective s'est élargie ; j'ai désormais davantage confiance en ma capacité de supporter l'épreuve.

Si on considère ces moyens d'échapper à la douleur comme des étapes, on nourrit la fausse espérance de ne les parcourir qu'une seule fois. Ce n'était pas vrai dans mon cas. J'ai sans cesse emprunté ces voies. En réalité, je n'ai pas été au-delà de ces étapes, j'en suis resté *en deçà*. J'ai appris qu'elles correspondaient à des efforts désespérés pour éviter d'affronter le vrai problème, que j'ai combattu aussi longtemps que je l'ai pu. En fin de compte, je me suis trouvé tellement épuisé à fuir le véritable problème que j'ai fini par renoncer. J'ai alors bien été obligé d'aborder la question de la nature mortelle de la vie – *ma* nature mortelle, ce qui, pendant un certain temps, m'a plongé dans une profonde dépression.

Je me rappelle la première fois où j'ai compris que je n'avais plus l'énergie de me battre. Cela commença lors du premier anniversaire de l'accident. Je sentis venir une agitation fébrile, une angoisse menaçante. Quelque chose ne tournait pas rond, mais cette chose m'échappait, comme si j'avais déplacé quelque chose d'important et que j'aie oublié non seulement où je l'avais placé, mais également ce que j'avais déplacé. Au cours du mois suivant, je devins de plus en plus agité. À la longue, je finis par ressentir des tremblements intérieurs non seulement dans mon corps, mais également dans mon âme. Je sentais que j'étais au bord de la rupture.

J'appris ultérieurement que j'étais devenu profondément déprimé. C'est seulement à ce moment-là que je découvris le langage capable de décrire mon état clinique. Je le tirai du livre de William Styron, *Face aux ténèbres*, dans lequel l'auteur raconte sa propre plongée dans la dépression[1]. Contrairement à la douleur physique qui renvoie généralement à une anomalie concrète, comme une fracture du tibia, la douleur provoquée par la dépression traduit une anomalie qui ne peut pas facilement s'observer ni s'expliquer. Semblable à un mal de tête, elle apparaît comme une douleur fantôme que l'on peut décider d'ignorer ou de vaincre. Vouloir surmonter une dépression est toutefois aussi difficile que guérir un cœur brisé. La force humaine seule est insuffisante.

Comme Styron, j'ai trouvé la dépression totalement débilitante. Il me fallait une force herculéenne pour sortir du lit le matin. J'étais à bout de forces toute la journée, et malgré cela, je n'arrivais pas à m'endormir le soir. Je restais réveillé de longues heures, tourmenté par une obscurité que personne ne pouvait voir sauf moi. J'avais du mal à me concentrer. J'étais apathique et sans le moindre désir. Je n'éprouvais aucun plaisir à goûter un bon plat, à contempler quelque chose de beau, à toucher quoi que ce soit. Je ne faisais qu'aggraver mon cas en ne confiant mes luttes pratiquement à personne. Mes amis et mes collègues s'émerveillaient de voir à quel point je maîtrisais la situation, mais à l'intérieur, j'étais un mort-vivant. Au comble du désespoir, je fis finalement appel à un conseiller, et pendant deux mois, je pris un antidépresseur pour pouvoir vivre normalement sans perdre la raison.

La psychologie clinique possède son vocabulaire pour décrire la dépression et elle fournit des techniques et des médicaments pour la combattre. J'ai cependant trouvé plus utile une image spirituelle. Jean de la Croix, le mystique espagnol, s'est penché sur ce qu'il appelle « la nuit noire de l'âme ». Il la décrit comme un état spirituel déprimé dans lequel on glisse ; les remèdes traditionnels comme la ferveur émotionnelle, la discipline spirituelle, l'analyse rationnelle, l'adoration et le service ne sont d'aucune aide ni d'aucun réconfort. Tous les appuis font faux bond. L'être humain est laissé complètement seul et démuni. C'est cette obscurité visible que décrit Styron. On entre dans l'abîme du vide avec ceci de particulier qu'on n'est pas dépourvu de la *sensation* cruelle du vide. Ce genre de vide remplit plutôt l'être de terreur et de désespoir.

Mon ami Steve est un exemple typique de ce qui arrive souvent. Un accident à la ferme l'a rendu tétraplégique. Il avait vingt ans à l'époque, nourrissait l'ambition de devenir un grand joueur de base-ball et allait se marier. Il passa neuf mois à l'hôpital. Pendant tout ce temps, il refusa d'admettre que son infirmité était permanente. Pendant un certain temps, il était sûr de se rétablir. Il plaisantait même avec son kinésithérapeute. « Vous me poussez en fauteuil roulant dans cette pièce, mais j'en sortirai en marchant. »

Steve n'est jamais sorti d'aucune chambre en marchant. Peu à peu, il a commencé à comprendre qu'il serait tétraplégique le restant de ses jours. Cette prise de conscience lui vint de manière étrange et par des voies tortueuses. Il sentait son orteil le démanger, sans pouvoir le gratter. Il voulait manger tout seul, mais était incapable de saisir la cuiller. Quand il ne se sentait pas bien installé ou qu'il avait mal, il essayait de se retourner, mais il n'arrivait pas à commander le moindre muscle de son corps.

Ce ne fut toutefois que lorsqu'il quitta l'hôpital pour rentrer chez lui qu'il comprit la pleine mesure de son état et se rendit à l'évidence que son infirmité était permanente. C'est le retour à la maison qui lui fit perdre ses moyens. La vue d'objets rattachés à sa vie d'autrefois lui rappela ce qu'il avait perdu. Il aperçut le vieux panier de basket qui ne recevrait plus jamais aucun de ses lancers, son vieux gant de baseball qu'il ne remettrait plus jamais pour saisir une balle bondissante, sa vieille voiture et sa moto qui ne l'emmèneraient plus faire un tour. À ce moment-là, il sombra dans la dépression qui marqua le début de sa nuit noire.

Il est rare que cette expérience suive immédiatement la perte. Elle intervient à la fin du combat, après que le déni a cédé sa place à la réalité, que le marchandage a échoué, que les dépendances ont conduit au vide et que la colère a disparu. Il ne reste alors ni volonté ni désir pour s'opposer à l'inévitable et à l'indéniable. On se retrouve avec une grande tristesse et une profonde dépression. Le divorce est officiel et plus rien ne peut reconquérir le partenaire. Les sévices ou le viol se sont réellement produits et leur souvenir subsistera à vie. Le cancer est en phase terminale et aucun miracle médical ne changera la situation. L'infirmité est permanente et toutes les thérapies du monde ne la modifieront pas. L'emploi est perdu et il ne sera jamais récupéré.

Au cœur de la perte, il y a la vérité effrayante de notre caractère *mortel*. Nous sommes des créatures faites de poussière. La vie sur terre peut être merveilleuse, et elle l'est souvent. Mais à la fin, nous mourrons tous. Durant les derniers mois de sa vie, Lynda avait atteint un nouveau palier de contentement et de gratitude qu'elle n'avait jamais connu avant. Elle gérait bien la maison, s'occupait de nos quatre enfants et faisait l'école à la maison aux deux aînés. Ces responsabilités exigeaient beaucoup d'elle, mais en même temps, elles lui procuraient beaucoup de joie. Elle apprenait à gérer les frustrations et les désillusions inhérentes au fait d'être une épouse et une mère aux attentes et aux idéaux élevés. Elle aimait tellement son rôle de mère qu'elle avait suggéré que nous adoptions un enfant ayant des besoins spéciaux et avait entrepris les démarches d'adoption. La veille de l'accident, notre demande avait été approuvée par l'agence. Elle s'épanouissait également dans son rôle de directrice musicale d'un chœur d'enfants de calibre professionnel et notre église l'avait engagée comme soliste soprano rétribuée quelques semaines avant sa mort.

La nuit précédant l'accident, Lynda revint à la maison à 22 heures, après la répétition de la chorale. Nous avons pris un chocolat chaud et nous nous sommes mis au lit où nous avons encore bavardé et ri jusqu'à minuit et demi. À la fin de notre conversation, elle me dit : « Jerry, je ne peux imaginer que la vie soit meilleure qu'actuellement. Je la trouve merveilleuse. Je suis subjuguée par la bonté de Dieu. » Moins de vingt-quatre heures plus tard, elle était morte.

L'accident déclencha un hurlement silencieux de douleur dans mon âme. Ce hurlement était si fort que pendant un certain temps, j'ai difficilement pu entendre un autre son. Je ne pouvais imaginer entendre autre chose que ce hurlement de douleur le restant de mes jours.

chapitre 5

Naviguer sur une mer de néant

*Peut-être que la fonction la plus sacrée de la mémoire
est justement de rendre insignifiante la distinction
entre le passé, le présent et le futur, et de nous permettre
de vivre dans la même éternité que Dieu lui-même habite.*

Frederick Buechner

Je me souviens avoir rêvé un jour d'un vaste océan. J'étais sur un bateau avec mes trois enfants et nous quittions un port bien abrité pour nous engager en pleine mer. Je me suis retourné pour contempler le port qui était luxuriant de verdure et débordant d'activité. Il m'était familier, et j'avais une folle envie d'y retourner, mais pour une raison inconnue, j'en étais incapable. C'est comme si l'embarcation avait sa propre volonté et refusait de céder à la mienne. Je me suis alors avancé vers la proue avec mes enfants et j'ai balayé l'horizon du regard. Il n'y avait ni terre pour nous inviter à nous y rendre ni navire en compagnie duquel naviguer. À ce moment-là, je me suis senti terriblement seul.

La perte crée un désert présent, comme si on naviguait sur une immense mer de néant. Ceux qui ont subi une perte vivent suspendus entre un passé auquel ils aspirent et un futur qu'ils espèrent. Ils souhaitent revenir au port bien connu du passé et récupérer ce qu'ils ont perdu – une bonne santé, des relations heureuses, un emploi sûr. Ou alors, ils désirent aller de l'avant et découvrir un avenir plein de sens qui leur promet à nouveau la vie – une intervention chirurgicale réussie, un deuxième mariage, un emploi meilleur. Ils vivent toutefois dans un présent aride et dénué de sens. Les souvenirs du passé leur rappellent ce qu'ils ont perdu, et l'avenir prend la forme d'un inconnu trop éloigné pour se l'imaginer.

Les souvenirs du passé procurent de la joie, comme je l'ai constaté, mais il faut du temps pour qu'ils apaisent au lieu de tourmenter. Un ami qui avait perdu sa femme d'un cancer me dit que la seule chose dont il se souvenait après sa mort, c'était d'un être humain malade qui se ratatinait sous ses yeux. Ce n'est qu'à la longue qu'il put se rappeler les nombreuses années de vie qu'ils avaient partagée. Même alors, les souvenirs lui faisaient ressentir l'ampleur de sa perte. Il voulait qu'elle revienne et qu'ils reprennent leur vie conjugale. Tout en répugnant à l'idée de voir ces souvenirs disparaître, il était profondément peiné chaque fois qu'il se rappelait ce qu'il avait perdu. D'un côté, il voulait ne jamais oublier le passé ; de l'autre, il espérait en même temps pouvoir le faire.

J'ai fait la même expérience d'ambivalence. Au début, il m'était impossible d'effacer de ma mémoire le tableau de l'accident. Pendant des mois, j'ai regardé la vie à travers des glaces qui avaient volé en éclats et vu les corps brisés des membres de ma famille, comme si l'accident était un tulle à travers lequel je percevais la vie. En fin de compte, les souvenirs plus lointains commencèrent à affluer et je pus de nouveau me faire une idée de ce qu'avait été la vie avant l'accident.

Lynda et moi avons commencé à nous fréquenter pendant nos années à l'université. Je faisais encore partie des fêtards, alors qu'elle était déjà une responsable chrétienne notoire sur le campus. Je m'étais converti l'été précédent ma troisième année d'études universitaires, mais beaucoup de gens furent néanmoins surpris quand nous avons noué d'abord des liens d'amitié, puis des relations sentimentales.

Nous nous sommes mariés douze ans avant la naissance de Catherine. Ce laps de temps nous a donné la liberté et le loisir de tisser une profonde relation d'amitié et de jouir de la vie ensemble. À deux reprises, nous avons travaillé dans le même établissement, une église des environs de Los Angeles ; pendant ce temps, Lynda obtint sa maîtrise en musique dans une université d'arts libéraux de l'Iowa. Nous assistions ensemble à toutes sortes de concerts et passions toutes nos vacances ensemble. Nous courions et jardinions ensemble.

Chaque année, nous partions faire du camping, sac au dos. Lors d'une de ces expéditions, j'attrapai la fièvre pourprée des montagnes Rocheuses, et je faillis y rester. Une autre fois, nous avons été poursuivis pendant des heures par un troupeau de bovins de pâturage que notre chien Plantagenet avait excités.

Nous avons continué à nourrir cette intimité même après la naissance des enfants. L'été précédant la mort de Lynda, nous avions campé une semaine dans le parc national de Banff, au Canada. Pendant la journée, nous parcourions le plus d'étendue possible, et le soir, nous nous asseyions autour d'un feu de camp, chantant, nous blottissant l'un contre l'autre et dégustant des s'mores, ce dessert américain composé de guimauve et d'un carré de chocolat entre deux biscuits.

Lynda avait un côté original qui la rendait attachante, et ses champs d'intérêt étaient variés. Je vois encore très nettement dans mon esprit la manière dont elle exprimait son exaspération ou son dégoût en poussant un cri indigné : « Pour l'amour du ciel ! » Je la vois encore s'affairer dans notre maison, avec entrain et détermination, ratissant le gazon, cousant, peignant et posant du papier peint. Je l'entends encore chanter, rire et taquiner. Elle avait une façon originale de se tenir debout, les mains posées sur l'arrière de ses hanches, comme pour l'empêcher de tomber à la renverse. Elle était à la fois idéaliste et autoritaire, ce qui me rendait parfois fou. Sa foi lui conférait une transparence rare et elle avait un réel souci d'autrui, comme en ont témoigné les centaines de personnes qui m'envoyèrent des cartes et des lettres pour lui rendre hommage après sa mort.

Mon vécu avec Grace, ma mère, fut évidemment plus long. Depuis toujours, elle avait exercé sur moi une influence bienfaisante et constante. À sa mort, j'eus le sentiment d'avoir perdu mon lien le plus important avec mon passé, comme si des chapitres entiers de l'histoire de ma vie avaient été brusquement arrachés de ce livre.

Ma mère était une femme calme. C'était une mère attentive qui a su encourager ma sœur et moi à réussir dans la vie ; elle nous corrigeait de façon juste et accueillait avec beaucoup de bonté nos amis chaque fois qu'ils venaient. Durant mes deux dernières années au lycée, elle accueillit tous les midis une dizaine de mes amis. Nous tirions nos sandwiches des sacs et les mangions ensemble ; ensuite, nous jouions au billard ou faisions une partie de basket. Ma mère était hospitalière sans être importune. Elle s'était tellement attachée à mes amis, et eux à elle, que même en mon absence, ils venaient prendre leur casse-croûte à la maison.

Mon père et ma mère ont divorcé lorsque ma sœur et moi avons quitté le toit familial. Maman décida alors de retourner à Lynden, sa ville natale dans l'État de Washington, où elle occupa le poste de directrice des soins infirmiers dans une maison de convalescence. Sur son lieu de travail, elle savait associer fermeté et grâce, et gagna rapidement le respect du personnel et de la collectivité. À sa retraite, elle travailla comme bénévole, visita des malades et des vieillards confinés à la maison, fit des chaudrées de soupe de même que de grandes quantités de petits gâteaux pour des amis et des proches. À chacune des visites qu'elle nous rendait, elle apportait des conserves qu'elle avait faites, ou des vêtements qu'elle avait confectionnés ou achetés en solde. Malgré son asthme, elle demeurait tellement active à son âge avancé que Catherine et David l'appelaient « grand-mère dehors ». Jusqu'au jour de sa mort, elle s'est efforcée d'entretenir sa forme physique en allant marcher ou nager chaque jour avec un groupe d'amis retraités.

Elle apportait également son concours à ma sœur, quelque peu débordée par ses cinq enfants. Elle semblait avoir un truc particulier pour se lier aux petits-enfants dont l'éducation posait problème, ce qui ne l'empêchait pas de s'intéresser à tous. Elle se délectait de faire des promenades avec eux, de leur confectionner des pyjamas et de passer du temps à discuter avec eux. Elle aimait leur donner des conseils sous forme d'expressions concises, par téléphone ou par lettre. Lors de ses funérailles, ses petits-enfants inclurent dans la feuille distribuée ce jour-là quelques citations tirées des lettres qu'elle leur avait adressées : « Tire le maximum du meilleur, et le minimum du pire » ; « Tu auras la détermination de persévérer quand tu en auras besoin » ; « Quelle bonne chose que Dieu nous donne une minute, une heure, un jour à la fois ; autrement nous serions débordés. » Elle terminait toutes les lettres à ses petits-enfants – de même qu'à ses enfants –, de la même façon : « Sois gentil, doux et prévenant. »

Quant à Diana Jane, je l'ai connue si peu d'années ! Seulement quatre ans. Je n'ai donc pas eu avec elle une histoire aussi riche et longue qu'avec ma mère ou Lynda. C'était pourtant ma fille que j'ai bercée pour l'endormir le soir, à qui je lisais des histoires le matin et avec qui je luttais sur le tapis du salon après le souper. Comme toute fille, elle avait conquis le cœur de son père. De tous les enfants, c'est elle qui avait le plus de petites manies qui la faisaient aimer de tous. Elle était aussi la seule de la famille à porter des lunettes qu'elle remontait constamment sur son nez.

Elle avait pris l'habitude de grimper sur mes genoux tôt le matin. Après avoir pris quelques minutes pour se réveiller, elle disait tendrement, mais sur un ton qui n'admettait aucune répartie : « Papa, une histoire ! » Elle aimait changer de vêtements plusieurs fois par jour, sans remettre dans le tiroir ceux qu'elle ôtait, au grand dépit de Lynda. Elle pouffait souvent de rire, pleurait bruyamment et de façon intense, et semblait toujours marcher sur la pointe des pieds. Ses yeux espiègles en disaient long sur sa personnalité. Indépendante et opiniâtre, elle se tirait presque toujours d'affaire parce qu'il était difficile de lui résister et presque impossible de la corriger parce qu'on fondait devant elle.

Ces souvenirs m'étaient et me sont encore doux. Je m'y accroche comme un naufragé se cramponne à un débris de bois quand il est perdu en pleine mer. Mais ils me perturbent aussi, parce qu'ils ne sont que cela, *des souvenirs*. Ce sont les vestiges d'un passé qui ne reviendra plus jamais. Ils mettent en scène des personnes que je ne verrai plus jamais. Je ne peux pas vivre de souvenirs, et je ne peux pas vivre sans eux.

Il en est de même de l'espoir en l'avenir. Il est impossible de ne pas imaginer un avenir, et il est également impossible d'imaginer l'avenir sans se servir du présent pour nourrir l'imagination. Après avoir travaillé le bois comme passe-temps, vous pouvez rêver de faire carrière dans la menuiserie. Après avoir vu des diapositives de la Nouvelle-Zélande, vous pouvez imaginer le plaisir que vous auriez à voyager dans ce pays. Après avoir remporté votre premier débat à l'université, vous pouvez déjà vous voir en avocat plaidant de renom. Mais ceux qui ont subi une perte sont privés à l'heure actuelle d'un matériau familier qui leur permettrait d'envisager l'avenir.

Une grande partie de ce que j'avais imaginé quant à mon avenir est devenue impossible après l'accident. Lynda et moi avions l'intention d'adopter un enfant ayant des besoins spéciaux, et nous envisagions également de partir un an en Afrique pour nous mettre bénévolement au service d'une organisation missionnaire, comme l'Alliance Mondiale Wycliffe. Lynda voulait continuer à enseigner à nos enfants à domicile, car l'idée de pouvoir garder les enfants deux ou trois ans de plus à la maison avant de les envoyer à l'école publique lui plaisait. Elle venait juste de commencer son travail de soprano rétribuée par l'église et s'exerçait également en vue de chanter les solos pour soprano du *Messie* de Haendel. D'ailleurs, ma mère était venue nous rendre visite pour le week-end afin d'aider Lynda à choisir une tenue de soirée appropriée pour la représentation. Par ailleurs, nous commencions à être bien intégrés dans Spokane. Je venais juste de prendre ma fonction d'entraîneur de l'équipe de football, et nous étions tous les deux engagés dans l'organisation « Habitat for Humanity », qui a pour but de fournir des logements abordables aux travailleurs pauvres.

Et tout d'un coup, il n'y avait plus de Lynda, plus de Diana Jane, plus de Grace ! Comment imaginer un avenir sans elles ? Rien que la pensée me répugnait. Chaque fois que je pensais à l'avenir, je les trouvais associées à moi. Mais elles ne seraient jamais plus là, ce qui accentuait le caractère dévastateur de ma perte. Ainsi, tout comme ma vision des souvenirs passés, celle de mon avenir était marquée par l'ambivalence. Je me rappelais un passé qui incluait des personnes dont je ne voulais pas me séparer, et j'imaginais un avenir qui excluait des personnes que je voulais désespérément avoir avec moi. Pendant un temps, je fus donc privé de la consolation que procurent de bons souvenirs et de l'espoir qu'une bonne imagination crée.

Voilà pourquoi le présent était si aride pour moi et qu'il est si désespérant pour beaucoup de ceux qui subissent une perte tragique. Cette aridité peut nous écraser. « Ce néant subsistera-t-il toujours ? », nous demandons-nous. « Vais-je me sentir ainsi le restant de mes jours ? Suis-je voué à naviguer à jamais sur un océan de néant ? » Ces questions révèlent la profondeur du chagrin dans lequel tombent souvent ceux qui viennent de connaître une perte tragique.

Si l'instant présent menace de rester aride de façon permanente, la tristesse peut facilement se muer en désespoir. Celui-ci constituait une menace particulière pour mes amis Andy et Mary après la naissance de leur fille Sarah. La grossesse de Mary s'était déroulée de façon tout à fait normale. Elle avait scrupuleusement surveillé son régime alimentaire, marché six kilomètres tous les jours et suivi les cours prénataux. Elle était donc aussi bien préparée à l'accouchement qu'une femme enceinte peut l'être.

Pendant le travail, le bébé montra cependant des signes de souffrance fœtale, et lorsque, Sarah naquit, elle « semblait morte », selon Andy. Elle fut immédiatement conduite dans le service de soins intensifs. Au cours des mois suivants, les médecins spécialistes comprirent que le bébé avait beaucoup souffert lors de l'accouchement et qu'il aurait une déficience intellectuelle à vie.

Sarah, qui approche maintenant de ses quatre ans, n'a jamais marché ni parlé et ne se nourrit pas toute seule. Elle souffre également de paralysie cérébrale et elle pleure presque sans arrêt. Ses parents doivent endurer d'innombrables nuits de cris et de journées de perturbation. Ils voient des enfants de l'âge de Sarah se développer normalement, tandis que leur fille accuse de plus en plus de retard. Sa présence les occupe en permanence et les épuise. Ils vivent sous un stress conjugal constant, s'inquiètent de leurs ressources financières limitées et se demandent comment ils vont pouvoir prendre soin d'elle à l'avenir. Au début de chaque nouvelle journée, ils font face à la perte qui les fixe droit dans les yeux. Ils désirent ardemment s'occuper de Sarah, mais ne savent pas comment s'y prendre au mieux. Ils sont tristes pour Sarah et pour eux-mêmes. Qu'adviendra-t-il d'elle ? Et d'eux ?

Andy et Mary ne « guériront » jamais de leur perte. Ils ne le peuvent pas. Quelqu'un peut-il vraiment s'attendre à guérir d'une telle tragédie en pensant à la valeur de ce qui a été perdu et à ses conséquences ? La guérison est une attente trompeuse et vaine. On peut guérir après s'être fracturé un membre, mais on ne guérit pas d'une amputation. Par définition, la perte catastrophique exclut la guérison. Elle nous transforme ou nous détruit, mais ne nous laisse jamais tels que nous étions. Il n'y a aucun moyen de revenir dans le passé qui est révolu à tout jamais ; on ne peut qu'aller vers l'avenir qu'il faut découvrir. Quel qu'il soit, il inclura nécessairement la douleur du passé. La tristesse ne quitte jamais entièrement l'âme de ceux qui ont souffert d'une grande perte. En fait, elle peut atteindre un niveau plus profond.

Cette tristesse ancrée profondément est le signe d'une âme saine, non d'une âme malade. Point n'est besoin que la tristesse soit morbide ou fataliste ; elle n'est pas une chose à éviter, mais plutôt à accepter. Jésus a dit : « Heureux les affligés, car ils seront consolés[1] ! ». La tristesse indique que des personnes qui ont connu une perte vivent de façon authentique dans un monde de misère ; elle exprime de plus l'anxiété émotionnelle de personnes qui souffrent pour elles-mêmes et pour autrui. La tristesse est noble et riche en grâce. Elle dilate l'âme jusqu'à la rendre capable de se lamenter et de se réjouir en même temps, de ressentir la douleur du monde et d'espérer en même temps sa guérison. Aussi douloureuse soit-elle, la tristesse est bonne pour l'âme.

Un chagrin profond permet souvent de dépouiller la vie de ses faux-semblants, de sa vanité et de ses excès. Il nous oblige à nous poser les questions de fond sur ce qui importe vraiment. La souffrance débouche souvent sur une vie plus simple, moins encombrée de choses futiles. Elle opère un tri merveilleux. C'est pourquoi beaucoup de gens qui ont soudainement connu une perte tragique deviennent souvent différents. Ils consacrent plus de temps à leurs enfants ou à leur conjoint, témoignent davantage d'affection et d'estime à leurs amis, se soucient davantage d'autres personnes meurtries, donnent davantage de leur temps à une œuvre qui en vaut la peine et apprécient plus les joies simples de la vie. Dans le film *Le Docteur*, un médecin arrogant qui ne prête pas beaucoup d'attention aux vrais besoins de ses patients est transformé quand il devient soudainement un patient lui-même. Son diagnostic de cancer le rend sensible aux personnes qu'il a autrefois traitées uniquement comme des corps malades.

Je jette un regard à la fois languissant et horrifié sur la première année qui a suivi l'accident. Bien qu'écrasé par le chagrin, j'étais intensément concentré sur ce que je faisais. Je me consacrais à ce qui m'était le plus important dans la vie, en particulier à mon rôle de père seul. J'essayais d'être très attentif à mes enfants. Je les emmenais toutes les semaines à leurs leçons de musique. J'entraînais mon fils David au football et j'accompagnais ma fille à des concerts et à des représentations théâtrales. Le soir, nous jouions à des jeux de société, nous lisions de bons livres à voix haute ; en hiver, nous pratiquions du ski de fond, et en été, nous faisions des balades à pied ou à vélo. Nous faisions de la randonnée et du camping. Un été, nous avons même dû quitter précipitamment le parc national des Glaciers, lorsqu'à la suite d'une tempête de neige, nous nous sommes retrouvés avec près de 18 cm de neige sur le sol !

J'ai passé avec mes enfants des moments d'une valeur ineffable pour moi. J'étais souvent présent au bon moment pour avoir des conversations qui restent dans ma mémoire comme des événements sacrés. Ainsi, David, qui avait alors sept ans, grimpa sur mes genoux un soir tard, bien après l'heure normale du coucher. Au début, il ne fit que s'asseoir. Puis, en hésitant, il commença à déverser sa rage contre le chauffeur ivre, présumé coupable d'avoir causé l'accident. Il se mit à pleurer à chaudes larmes. Il déclara vouloir punir cet homme et le faire souffrir autant qu'il nous avait fait souffrir. Il ajouta qu'il voulait même faire souffrir le monde entier pour que chacun souffre autant que lui. Quand il arrêta de pleurer, nous sommes restés assis un bon moment en silence. Puis il ajouta : « Tu sais, papa, je parie que quelqu'un lui a également fait du mal, peut-être ses parents. C'est pour cela qu'il nous a fait du tort. Et je parie que quelqu'un d'autre avait fait souffrir ses parents. On peut ainsi remonter loin dans le temps. Quand tout cela finira-t-il enfin ? »

Au cours de cette première année, je me suis peu intéressé à mon avancement et à ma renommée. Je faisais mon travail, mais pas pour impressionner les autres ou passer devant eux. Un succès me rendait rarement fou de joie et un échec ne me déprimait pas ; c'est comme si j'étais détaché de tout cela. Quand se posa la question de ma titularisation, je ne manifestai ni joie ni inquiétude. Je passais du temps avec des amis parce que j'appréciais leur compagnie et j'avais décidé ce que je voulais croire parce que j'estimais que c'était vrai et juste, non parce que c'était dans l'air du temps ou exigé. Je réfléchissais à la personne que je voulais être, non pour plaire aux autres, mais pour être fidèle à Dieu et à moi-même. Je jouissais d'une forme rare de simplicité, de liberté et d'équilibre que je ne connaîtrai peut-être plus jamais. Je trouvais ma satisfaction à accomplir les choses banales de la vie plutôt qu'à les savoir achevées. Bien que je n'aie pas complètement perdu l'intensité et la pureté de cette première année, ma vie est désormais plus embarrassée par des préoccupations sans importance et des soucis banals. Ce n'est pas la douleur cuisante qui me manque, mais la clarté et la vision simple que j'avais alors.

La perte donne l'occasion de faire le bilan de notre vie, de repenser nos priorités et de nous fixer de nouvelles orientations. Quelqu'un me dit un jour : « À soixante-dix ans, peu de personnes se disent qu'elles auraient mieux fait de passer plus d'heures au bureau quand elles avaient quarante ans. En revanche, elles regrettent de n'avoir pas consacré plus de temps à leur famille, à leurs amis et à des causes nobles. Si seulement elles avaient eu le courage de dire non à la pression exercée sur eux, à l'esprit de compétition, au souci de l'image qu'elles projetaient, et non à leur propre égoïsme. » Tel que Jésus l'a dit : « *[Que]* sert-il à un homme de gagner tout le monde, s'il perd son âme[2] ? » La perte nous invite à nous poser les questions fondamentales sur nous-mêmes : « Qu'est-ce que je crois ? » ; « Y a-t-il une vie après la mort ? » ; « Dieu existe-t-il ? » ; « Quel genre de personne suis-je ? » ; « Est-ce que je me soucie vraiment d'autrui ? » ; « Quel usage ai-je fait de mes ressources en temps, en argent, en aptitudes ? » ; « Quelle direction ai-je imprimée à ma vie ? »

La tristesse profonde est utile à l'âme pour une autre raison encore. Elle peut nous rendre plus conscients du moment actuel. Cette idée pourrait sembler contredire ce que j'ai affirmé plus tôt. Le présent diffère peut-être néanmoins du néant qu'il nous a parfois semblé être. Il se pourrait que le présent contienne le secret du renouveau de la vie auquel nous aspirons comme si, en regardant sous la surface de ce vaste océan de néant, nous découvrions un autre monde qui grouille de vie.

Les mystiques ont décrit cette nouvelle façon de faire l'expérience du présent. JeanPierre de Caussade l'appelle « le sacrement du moment présent ». Thomas Kelly le considérait comme « l'éternel maintenant ». Cette conception du présent nous fait mesurer le prodige qu'est la vie, nous communique une conscience plus aiguë du monde qui nous entoure, et nous fait mieux apprécier chaque instant qui passe. Même dans la perte et le chagrin, nous pouvons décider d'accueillir le miracle de chaque instant, ainsi que les dons de la grâce que Dieu répand constamment sur nous. Ce moment présent, cet éternel maintenant, est sacré parce que malgré son caractère douloureux, c'est le seul moment dont nous disposons pour vivre et connaître Dieu. Le passé est révolu, l'avenir n'est pas encore là, mais nous vivons l'instant présent.

J'ai récemment vu le film *Grand Canyon* qui traite de la vie chaotique que l'on mène à Los Angeles. Il montre comment plusieurs personnes, plus ou moins liées entre elles, réagissent aux coups du sort qui les frappent. On y voit des scènes de violence et de cruauté, mais également des scènes pleines de grâce et de beauté. Les réactions caractéristiques des différentes personnes à l'imprévisibilité dépendent de leur attitude, de ce qu'elles veulent voir et de ce qu'elles veulent que la vie soit à l'instant présent.

L'héroïne de l'histoire, Claire, tombe sur un bébé abandonné alors qu'elle fait son jogging et décide de l'adopter. Elle déclare à Mack, son mari, que la découverte accidentelle de cette petite fille n'était pas du tout un hasard, mais un miracle. Au cours de leur discussion, il se plaint d'un mal de tête et elle le reprend : « Si j'ai raison et s'il s'agit bien de miracle, alors il ne convient pas du tout que tu réagisses par un mal de tête à un prodige. » (*Traduction libre*)

Le film se sert du Grand Canyon comme d'une métaphore pour la transcendance. La grandeur impressionnante du Grand Canyon nous aide à comprendre que la vie est plus que l'enchaînement d'expériences fortuites qu'elle semble être parfois. La transcendance réduit la taille de nos tragédies, nous fait entrevoir la vie comme plus qu'une tragédie et nous fait découvrir qu'elle est également riche en grâce, laquelle nous est donnée dans le miracle du moment présent.

Je considère la possibilité de vivre le moment présent comme un cadeau. Un an après l'accident, je faisais du ski de fond dans la chaîne des Cascades. Il faisait très froid, peut-être moins 23 °C, et un épais manteau de neige fraîchement tombée recouvrait le sol. Il était 22 heures et la lune était pleine. J'ai skié pendant deux heures. J'étais comme hypnotisé par la cadence de mes skis ; ce mouvement me communiquait une sensation d'ordre et de calme. Chaque fois que je m'arrêtais, j'appréciais énormément le silence absolu d'une soirée hivernale et me régalais de voir la neige scintiller au clair de lune. Je vivais intensément le moment présent ; insouciant et satisfait, je frémissais de bonheur.

Pendant ces heures passées sur la piste, je pensais à Roald Amundsen, l'explorateur norvégien qui fut le premier à atteindre le pôle Sud. Sa petite équipe l'arrêta au moment où il arrivait au but et lui demanda de dire quelques mots concernant ce grand exploit. Il répondit qu'il n'éprouvait aucun sentiment particulier à cet instant, aucune extase, tout simplement « qu'il faisait bon d'être en vie ». Sur la piste de ski, je me dis que je pourrais vivre toujours avec ce même sentiment, et depuis, j'ai essayé.

Le verbe « essayer » ne convient peut-être pas ici. En effet, essayer de vivre coûte que coûte semble aller à l'encontre de l'idée que, dans son caractère ordinaire et quotidien, la vie est un don. À plusieurs reprises ces deux dernières années, je me suis mis à rire sans raison apparente. Je regarde mes enfants se quereller, et je ris. Ou bien je fais du rangement dans la maison et j'aperçois une pile de linge sale dans la buanderie, et j'éclate de rire. Ou encore, je me mets à rire en pensant aux circonstances particulières de ma vie. Ce rire procède de la joie d'être en vie en ce moment présent, et parfois, d'un moment fou.

Neuf mois après l'accident, j'ai embauché une bonne d'enfants à temps partiel. Monica avait alors vingt-deux ans et peu d'expérience dans ce genre de travail, mais elle était ardemment désireuse d'apprendre, remplie d'amour et d'idéalisme. Elle est devenue membre de notre famille, comme une fille pour moi et une sœur aînée pour mes enfants. Trois mois plus tard, j'ai loué une chambre à un pensionnaire afin d'augmenter nos revenus et pour qu'il nous donne un coup de main occasionnel. Comme Monica, Todd a gagné nos cœurs. Tous les deux faisaient partie de mes étudiants à l'université et s'étaient liés d'amitié. À force de passer du temps ensemble dans notre maison, ils finirent par devenir tellement amis qu'ils tombèrent amoureux l'un de l'autre et se marièrent. J'eus le bonheur de présider leur mariage. John apporta les alliances, Catherine et David furent chargés d'allumer les bougies. Le développement de leur relation amoureuse fut un autre miracle pour moi, comme une fleur sortant d'un tas de cendres. Il y eut beaucoup d'autres fleurs semblables, toutes des dons de la grâce.

Ces dons nous sont accordés à tous. Encore faut-il être prêt à les voir et désireux de les recevoir. Cela exige une sorte de sacrifice, le sacrifice de croire que, malgré la douleur de nos pertes, la vie peut tout de même être douce, d'une manière différente, certes, mais douce malgré tout. Je ne me remettrai jamais de ma perte, et je souffrirai toujours de l'absence des êtres chers que j'ai perdus. Je continue cependant d'aimer la vie – Monica et Todd, mes enfants et le bonheur de les élever, les amitiés solides, le travail à l'université et dans ma collectivité, les moments de culte et de méditation silencieuse, les bons ouvrages à lire et les occupations estivales. Je souhaiterai toujours le retour des personnes que j'ai perdues. Je soupire après elles de toute mon âme. Cela ne m'empêche toutefois pas de célébrer la vie que j'ai découverte à la suite de leur départ. J'ai perdu, mais j'ai aussi acquis. J'ai perdu le monde que j'aimais, mais j'ai acquis une expérience plus profonde de la grâce. Celle-ci m'a permis de clarifier mon but dans la vie et de redécouvrir le miracle de l'instant présent.

chapitre 6

L'amputation du moi familier

Qui suis-je ? Celui-là ou celui-ci ?
Aujourd'hui cet homme, et demain cet autre ?
Suis-je les deux à la fois ?
Un hypocrite devant les hommes
Et devant moi un faible, méprisable et piteux ?
Ou bien ce qui est encore en moi ressemble-t-il à
    l'armée vaincue
Qui se retire en désordre devant la victoire déjà
    remportée ?
Qui suis-je ? Dérision que ce monologue !
Qui que je sois, tu me connais ;
Tu sais que je suis tien, ô Dieu !

Dietrich Bonhoeffer,
Résistance et soumission, p. 359, 360

Le sentiment de notre identité personnelle est largement tributaire des rôles que nous tenons et des relations que nous cultivons. Ce que nous accomplissons et ceux que nous connaissons façonnent grandement l'image que nous avons de nous-mêmes. Une perte catastrophique équivaut à l'amputation de notre identité. Certes, cela ne ressemble pas à l'amputation littérale d'un membre, mais davantage à l'amputation d'une partie de la totalité de soi. C'est l'amputation du moi professionnel pour celui qui vient de perdre son emploi. Ou l'amputation du moi marital pour celui qui vient de perdre son épouse à la suite d'un divorce ou de la mort. Ou l'amputation du moi énergique et efficace pour celui qui perd sa bonne santé. L'amputation du membre respecté de la communauté pour celui qui vient de perdre sa réputation. L'amputation de la pureté et de l'innocence pour la personne violée ou maltraitée. L'amputation de ce que nous étions ou désirions être, de ce que nous ne serons jamais et ne pourrons jamais devenir.

Je me considère toujours comme un mari pour Lynda, comme un père pour Diana Jane et un fils pour Grace. Les personnes qui me cantonnaient toutefois dans ces rôles respectifs, qui tenaient, à mes côtés, le rôle d'épouse, de fille et de mère, ne sont plus là. Le moi que j'étais, ce moi familier, souffre de leur absence ; c'est comme si mes nerfs me disaient que j'ai une jambe ou un bras, quand bien même il n'en resterait qu'un moignon.

La perte aboutit donc à un trouble de l'identité. Comme nous nous définissons en grande partie par les rôles que nous tenons et les relations que nous cultivons, nous nous retrouvons avec le vertige dès que ces rôles et ces relations changent ou sont perdus. Je me sens parfois comme étranger à moi-même. Je ne sais plus trop que faire de moi. C'est comme si, après m'être couché la veille dans un environnement familier, je me réveillais dans une nouvelle maison, et que je trébuchais contre les meubles et me cognait contre les murs. C'est un monde tout nouveau pour moi, mais je me comporte comme si c'était l'ancien. Je ne suis plus un mari, mais je ne me considère cependant pas comme un célibataire. Je ne suis plus un père pour Diana Jane, bien que je pense souvent à elle. Je ne suis pas la moitié d'une équipe parentale, malgré mon ardent désir. Je suis un veuf, un parent seul, un enfant orphelin de mère. J'ai une identité particulière et perturbée.

La conscience de cette amputation du moi me frappe comme un réflexe. Même après trois ans de veuvage, ma psyché est encore programmée pour chercher des personnes qui ne sont plus là. Le soir, je me glisse dans le lit et j'espère que Lynda viendra se blottir contre moi. Une fois les enfants au lit, je m'assieds sur le divan et j'attends presque que Lynda me rejoigne pour boire un chocolat chaud et bavarder avec moi. Je reçois de bonnes nouvelles, et j'ai envie d'appeler Lynda pour les partager avec elle. Ce qui me définit comme personne – ma sexualité, mon intelligence, mes émotions, mes convictions, mes projets – continue de la rechercher comme un pigeon voyageur cherche son perchoir. Mais le moi que j'étais ne peut plus trouver son endroit familier pour se poser. Il est errant.

Quiconque a connu une grande perte passe par une confusion semblable. « J'étais dans la vente jusqu'à ce que je perde mon emploi, il y a deux ans », dit une femme à un nouvel ami. « Jusqu'à ce que je perde mon emploi. » Les mots résonnent dans ses oreilles quand elle les prononce. Ils la gênent. Elle est désormais au chômage, incapable de trouver le même genre d'emploi que celui qu'elle a exercé pendant vingt ans. Elle n'est plus ce qu'elle a été, même si elle se définit encore comme autrefois. Bien d'autres gens pourraient dire la même chose. « Je suis divorcé » ; « Nous n'avons pas d'enfant » ; « Je suis atteinte d'un cancer incurable » ; « J'ai perdu mon mari l'année dernière » ; « J'ai été violée. » Ces expressions traduisent une perte d'identité. Elles rappellent ce qui était autrefois et qui n'est plus.

J'ai une amie que la perte a précipitée dans une profonde crise d'identité. Elle n'avait pas conscience de sa perte jusqu'à ce qu'elle soit entrée dans la trentaine et qu'elle ait eu deux enfants. Tout d'un coup, comme si un réveil s'était mis à sonner en elle, et sans qu'on l'y incite, elle se rappela avoir subi des sévices sexuels en tant que petite fille. Ce souvenir l'épouvanta. Elle eut du mal à contenir l'effroi, la panique et la colère qui étaient montés en elle.

Pendant deux semaines, elle refusa de sortir de la maison. Elle pleurait souvent et refusait de voir des amis. Seules l'intervention d'un thérapeute et l'amitié d'un mentor l'empêchèrent de sombrer complètement. Elle me dit un jour qu'elle aurait souhaité s'occuper de son problème pendant un week-end et en terminer, pour pouvoir ensuite reprendre sa vie normale. « Il me suit partout où je vais et quoi que je fasse », ajouta-t-elle. Elle ne fait plus confiance aux hommes, craint pour ses enfants et lutte contre la dépression. « Je ne suis plus celle que j'étais », me confia-t-elle. Elle se demande si elle retrouvera un jour le bonheur et l'énergie. Elle sait qu'elle a perdu son ancienne identité et ignore comment se forger une nouvelle identité de l'autre côté de la perte.

Ce n'est cependant pas seulement la perte d'identité qui pose problème. Ce sont également les conditions difficiles dans lesquelles il faut se forger une nouvelle identité. La perte catastrophique ne peut être atténuée par des substituts. On ne lui échappe pas simplement en prenant un nouveau conjoint, un nouvel emploi, une nouvelle vie. Il est hors de question de trouver un chemin facile vers une nouvelle identité. À un moment donné, mon ami Steve envisageait sérieusement de devenir un joueur professionnel de baseball ; l'instant d'après, il était tétraplégique. Ce n'est pas facile de remplacer un gant de baseball par un fauteuil roulant. À un moment donné, Andy et Mary pensaient élever un premier-né en bonne santé ; l'instant d'après, ils étaient parents d'une enfant mentalement handicapée. Une veuve que je connais me parla récemment de la difficulté d'élever son fils orphelin de père. Son entraîneur et certains professeurs s'intéressèrent bien à l'adolescent un certain temps, mais rien ne pouvait remplacer l'interaction quotidienne entre le père et le fils.

Dans certaines circonstances, il m'est difficile à moi aussi d'assumer mon rôle de veuf et de chef de famille monoparentale. J'ai tenté d'aider mes enfants à faire leur deuil. Je les ai laissé exprimer leur colère et pleurer ; j'ai écouté leurs plaintes et j'ai voulu créer de l'ordre à partir du chaos. J'ai poursuivi cette œuvre de consolation en tenant compte du moment opportun et de la personnalité de chaque enfant. Cette tâche importante n'a toutefois pas diminué les exigences propres à la gestion normale de la maisonnée, qui exige qu'on porte attention à une liste infinie de détails.

J'ai fait des sacrifices sur le plan professionnel, car je n'ai pas pu consacrer à mon travail autant d'heures qu'avant. Je prends donc de plus en plus de retard, d'autant plus que je ne parviens pas à entretenir mon savoir. Mes enfants aussi ont dû consentir à faire des sacrifices, puisqu'ils n'ont plus deux parents pour leur prêter de l'attention et leur consacrer du temps. Catherine m'a dit récemment : « Comment vais-je réussir à grandir sans avoir de maman à qui raconter mes secrets ? » David et John ont exprimé ce même désir de recevoir le genre d'attention et de soins que seule une mère peut donner. Les trois se demandent en quoi la vie de notre foyer serait différente si Diana Jane était encore avec nous. Elle leur manque terriblement.

J'ai constaté que l'affairement et l'épuisement peuvent compromettre la guérison. Les difficultés que je rencontre dans mes circonstances immédiates ne font qu'exacerber ma conscience de l'ampleur de la perte, comme si j'étais obligé de vivre sur les berges d'un cours d'eau pollué après avoir passé la plus grande partie de ma vie près d'un ruisseau de montagne du Colorado. Ma quête d'une nouvelle identité semble me répugner. Est-ce que je tiens vraiment au genre de vie que je mène actuellement ? Est-ce que je souhaite une vie différente à l'avenir ? Est-ce le genre de vie que je devrai toujours mener ?

On m'a dit que les personnes amputées d'un membre ressentaient souvent des douleurs fantômes. Le membre perdu annonce sa présence par la douleur. Pour ceux qui ont subi une perte irréversible, les douleurs fantômes – qui rappellent leur ancienne identité – peuvent subsister longtemps. Il y a partout des souvenirs de la vie d'autrefois, et ils peuvent surgir de façon surprenante. Ainsi, une femme qui a perdu son emploi à la suite d'une réduction des effectifs accueille un nouveau voisin et découvre que c'est un nouvel employé de la société qui l'a licenciée. Un homme immobilisé par le cancer observe avec mélancolie un père qui joue au basket avec ses deux adolescentes. Chaque fois qu'elle voit une jeune maman avec son nouveau-né dans les bras, telle femme dans la quarantaine ne peut manquer de se rappeler les trois bébés qu'elle a perdus à la suite de fausses couches.

Dans mon cas, plus de trois ans se sont écoulés depuis l'accident. Pourtant, je me réveille chaque matin avec le souhait de pouvoir faire un câlin à Lynda. Je l'entends encore chanter le solo de la soprano dans *Carmina Burana*. Lynda était alors enceinte de six mois. Je la vois encore mettre des cerises et des pêches en conserve, par les chaudes journées d'été. Je me surprends parfois à accomplir des gestes rituels qui contribuaient à rendre douce ma vie avec elle, comme lui apporter son café au lit, le matin.

Cette crise d'identité peut aboutir à la formation d'une nouvelle identité qui intègre la perte. Cette dernière crée un ensemble de circonstances nouvelles dans lesquelles nous devons vivre. À partir du moment où nous sommes capables de reconnaître le caractère durable de ces circonstances, nous commençons à nous forger une nouvelle vie. La perte crée un nouveau contexte pour la vie. Je suis veuf et père seul, que je le veuille ou non. Tel autre est divorcé, malade en phase terminale ou défiguré. C'est la réalité indéniable de la vie.

Deux jours après l'accident, j'eus une longue conversation avec quelques amis intimes, ma sœur et mon beau-frère. Nous avons commencé par pleurer et nous souvenir. Puis nous avons parlé des obsèques. Finalement, quelqu'un me demanda : « Que vas-tu faire, Jerry ? Tu as trois enfants à élever tout seul ! » Notre discussion a alors porté sur les soins aux enfants, la discipline à exercer et l'entretien de la maison. Quoique très pénible, cet entretien était nécessaire, comme le furent beaucoup d'autres, parce que je devais apprendre à construire une nouvelle vie pour moi et ma famille. Les nouvelles circonstances étaient un fait ; ma réaction, elle, ne l'était pas. La tragédie devint le catalyseur de mesures créatives. Grâce aux conseils d'amis et de la famille, j'ai presque immédiatement intégré la tragédie dans un nouveau style de vie. La perte est devenue une partie de notre histoire. Elle a précisé les conditions dans lesquelles un homme brisé et dérouté a commencé à se forger une nouvelle identité.

Durant la première année, j'instaurai de nouvelles traditions, comme rappeler l'anniversaire de l'accident en préparant le plat préféré de Lynda et en feuilletant de vieux albums de photos pour évoquer le souvenir des bien-aimés que nous avions perdus. Je modifiai également les règles de discipline : je m'efforçai de tenir les enfants responsables des conséquences de leurs choix, qu'ils soient bons ou mauvais. Je leur imposai plus de corvées domestiques. Il y a environ un an, j'ai demandé à un ouvrier de refaire notre cuisine et de mettre de la moquette dans le salon et au sous-sol. J'ai mis du nouveau papier peint dans certaines des chambres à coucher. Ces changements nous ont permis de marquer de notre empreinte le territoire que nous devions nous approprier.

J'ai conservé les activités des enfants, comme les leçons de musique, qu'ils suivaient déjà avant l'accident. Je les ai aussi encouragés à se lancer dans d'autres activités. Tout récemment, Catherine s'est inscrite dans un club de gymnastique et a participé à la représentation de la comédie musicale *Un violon sur le toit* avec la chorale de l'université. Nous avons fait du ski de fond en famille. Pendant deux années consécutives, nous avons passé une partie du semestre d'hiver ensemble avec vingt étudiants dans un endroit reculé des Cascades ; j'y donnais un cours sur l'histoire de la spiritualité à des étudiants des classes supérieures. Ainsi, sur la toile de fond déjà posée par des circonstances indépendantes de ma volonté, j'ai pris un pinceau et j'ai commencé à peindre le nouveau visage de notre vie, avec beaucoup d'hésitation et d'angoisse.

J'ai d'abord été tenté de faire un tableau aux dimensions réduites en me disant qu'à partir de cet instant, je mènerais une vie peu remplie. Je me demandais en effet comment il m'était possible d'espérer mener la même existence qu'auparavant en tenant compte de la mort de trois êtres chers qui l'avaient rendue si agréable. De nombreuses personnes qui ont connu un deuil sont tentées de tenir le même raisonnement et de réduire leurs attentes quant à la vie. Qui peut espérer quelque chose de bon de la vie qui a déjà tellement malmené ses plans, ses désirs et ses attentes ?

Une femme travaille dur pour obtenir un diplôme de deuxième cycle, mais ne trouve aucun emploi dans le domaine qu'elle a choisi. Un père se donne totalement à son fils, puis doit abandonner ce fils à une mort prématurée. Une femme espère une longue vie conjugale heureuse et se demande ensuite ce qui a bien pu motiver son mari à demander le divorce. Qu'attendre encore d'heureux de la vie quand on a déjà perdu tant de ce qui était si précieux ? Il n'est pas étonnant que des gens qui ont connu la perte deviennent amers et se replient sur eux-mêmes. Il leur semble aberrant de penser qu'ils pourraient de nouveau connaître une vie heureuse. Comment pourrait-elle être agréable sans les personnes ou les conditions qui laissaient autrefois entrevoir ses bons côtés ? Il leur semble à la fois audacieux et absurde de cultiver de l'espoir.

Après tout, ce n'est peut-être pas aussi audacieux et absurde que ça en a l'air. Les attentes peuvent demeurer élevées, aussi élevées qu'avant la perte, *mais seulement si nous sommes disposés à changer de point de mire.* Je ne peux évidemment plus espérer vieillir aux côtés de ma femme, cette voie m'est définitivement barrée. Si tel est mon espoir, je serai évidemment déçu. Je peux toutefois espérer quelque chose d'aussi bon, mais de différent. J'ai, par exemple, la possibilité et le privilège d'élever mes enfants en tant que père seul, d'apprendre à apprécier la vie et à être satisfait d'être célibataire, et d'acquérir la sagesse par l'expérience de la souffrance. Je peux donc attendre beaucoup de la vie à condition de m'adapter aux circonstances nouvelles. Ma vie se déroule désormais dans un décor différent, aussi différent qu'un paysage désertique l'est d'un paysage montagneux. Elle peut néanmoins être belle, aussi belle qu'un désert au crépuscule.

J'ai déjà évoqué Andy et Mary dont le premier enfant est devenu gravement handicapé à la suite d'un accouchement difficile. Comme tous les nouveaux parents, ils pensaient avec bonheur aux premières étapes de la vie du bébé, au premier sourire, aux premiers pas, à la première phrase et aux liens qu'un enfant normal tisse avec ses parents. Leur petite fille n'est cependant pas normale. Elle ne marchera et ne parlera jamais. Sa venue dans le foyer a déclenché une crise dans le domaine des attentes. Bien sûr, ses parents s'attendent à moins d'elle puisqu'elle est incapable de faire ce que la plupart des enfants de son âge peuvent faire. Ils ont toutefois commencé à attendre davantage d'eux-mêmes. L'expérience leur a appris à devenir des parents possédant un amour et une patience extraordinaires, ce qui ne les dispense pas de continuer de lutter dans ces domaines.

À cause de la perte que j'ai subie, j'ai eu personnellement du mal à attendre beaucoup de la vie. Je préfère la vie que je menais avant l'accident ; c'est pourquoi j'ai hésité à croire qu'elle peut encore être bonne maintenant. J'ai essayé d'accepter bon gré mal gré mes nouvelles circonstances de vie, mais j'ai très souvent été freiné par les limitations de ma propre nature imparfaite. J'ai constamment dû constater à quel point je suis impatient quand mes enfants me désobéissent, et combien je fais triste mine quand la journée ne se déroule pas comme je l'avais prévu. J'ai découvert que mes qualités et ma détermination dépendent des circonstances favorables, comme la bonne santé, un mariage heureux, un foyer chaleureux, un travail intéressant, des amitiés solides.

Un incident particulier s'est produit d'innombrables fois. C'est le week-end. J'ai travaillé dur toute la semaine et je suis fatigué. J'ai besoin d'un répit. Catherine et David sont cependant grognons. Ils s'énervent mutuellement, mais pas assez pour que j'intervienne. De son côté, John se met à pleurnicher et à cancaner. À part moi (évidemment !), personne ne veut aller se coucher. Alors, les enfants lambinent et essaient de gagner du temps. Je les harcèle, mais ils refusent d'écouter. J'augmente la pression, mais ils résistent. Finalement, j'explose, je me mets à hurler et les envoie au lit sans ménagement. Lorsqu'ils sont couchés, je regrette d'avoir perdu patience, je souhaite être un meilleur père, je soupire après la présence et l'aide de Lynda. Je mesure à quel point je suis loin de ce que j'aimerais être. Je regarde avec nostalgie en arrière vers un temps où il semblait plus facile d'être parent.

La perte nous oblige à voir le rôle majeur que joue notre environnement dans la détermination de notre bonheur. Elle nous prive des béquilles sur lesquelles nous nous appuyions pour notre bien-être. Elle nous fait perdre l'équilibre et nous fait tomber sur le dos. L'expérience de la perte nous pousse dans nos derniers retranchements.

Une fois au bout de nous-mêmes, nous pouvons amorcer une relation vitale avec Dieu. Nos échecs peuvent nous conduire à la grâce et à un profond réveil spirituel. C'est l'expérience que font souvent ceux qui sont passés par une perte. Tout commence par la prise de conscience de notre faiblesse et l'aveu que nous avons tenu les circonstances favorables pour acquises. Lorsque la perte nous prive de ces bienfaits, la colère, la dépression et l'ingratitude révèlent la véritable nature de notre âme et montrent à quel point nous sommes vraiment petits et insignifiants. Nous découvrons que notre identité est largement définie par les circonstances extérieures et non par notre état intérieur.

Nous en arrivons finalement au point où nous commençons à soupirer après une vie nouvelle qui dépend moins des circonstances et davantage de la profondeur de l'âme. Cette amorce débouche sur des idées et des perspectives nouvelles, notamment des perspectives spirituelles. Nous sentons le besoin de quelque chose qui nous transcende et nous commençons à entrevoir la réalité comme étant plus grande que nous la pensions. Nous devenons également sensibles à des indices du divin, ce qui ne fait que nourrir notre aspiration. Surpris et déconcertés, nous découvrons qu'il existe dans l'univers un Être qui, malgré notre brisement et notre péché, nous aime démesurément. Parvenus au bout de nous-mêmes, nous arrivons au commencement de notre ego vrai et le plus profond. Nous trouvons Celui dont l'amour façonne notre être.

L'accident n'a pas fait naître ma foi. Depuis, je me suis cependant développé spirituellement d'une nouvelle façon. La tragédie m'a poussé vers Dieu alors même que je ne voulais pas de lui. Et en Dieu j'ai trouvé la grâce, alors même que je ne la recherchais pas. Comme parent seul, j'ai atteint un tel point de frustration et d'épuisement que j'ai renoncé à vouloir être un parent parfait pour mes enfants et invité Dieu à être leur parent par mon intermédiaire. J'ai pris à cœur de prier presque sans cesse pour eux, demandant à Dieu de les protéger contre mes faiblesses. Comme professeur, j'ai renoncé à lire chaque livre que je me sens obligé de lire, préférant apprécier chaque instant de lecture ou d'enseignement comme un événement sacré, et chaque rencontre avec mes étudiants comme un cadeau divin. Ma perte m'a révélé combien ma vie est insignifiante et mes ressources, limitées. Elle m'a toutefois également permis de découvrir combien grand est mon privilège d'être en vie et combien les occasions qui me sont offertes de servir comme parent et enseignant sont passionnantes.

Ce n'est pas que j'aie atteint la gratitude et le contentement parfaits. Ce point d'arrivée s'éloignera sans cesse. Ce qui compte, c'est le mouvement vers ce but. De nouvelles circonstances exigeront de nouvelles adaptations, une croissance continue et un combat constant. J'aurai bientôt des adolescents et j'aurai besoin de fermeté, de sagesse et d'énergie qui me font défaut actuellement. De nouveaux étudiants me forceront à adapter mes méthodes pédagogiques à leurs besoins et élargiront ma connaissance de sujets familiers. L'apôtre Paul, l'un des premiers et grands disciples de Jésus, écrivit un jour que ce qui compte, ce n'est pas ce que nous avons accompli, mais ce vers quoi nous tendons. « Frères [...] je fais une chose : oubliant ce qui est en arrière et me portant vers ce qui est en avant, je cours vers le but, pour remporter le prix de la vocation céleste de Dieu en Jésus-Christ[1]. »

Nous avons besoin d'un Être supérieur à nous pour nous aider à nous forger une nouvelle identité. Dieu est capable de nous guider dans cette quête, de nous aider à devenir des personnes dont la valeur dépend de la grâce et non de nos réalisations, de nos prouesses et de notre pouvoir. Que nous soyons divorcé, chômeur, veuf, victime de sévices, malade ou même mourant, nous pouvons apprendre tout simplement à être. Acceptons d'être aimés en tant que créatures faites à l'image de Dieu, même si nos corps sont brisés, nos pensées confuses et nos émotions perturbées. Nous pouvons de nouveau espérer que la vie sera encore belle et agréable, même si elle ne sera jamais la même.

chapitre 7

Un arrêt brusque dans l'activité habituelle

Une fois que nous avons fait la paix avec elles, même les choses les plus tristes peuvent devenir source de sagesse et de force pour le chemin qui reste à parcourir.

Frederick Buechner

Un dessin animé se compose d'une grande série de dessins dont chacun diffère légèrement de celui qui le précède et de celui qui le suit. Lorsqu'ils défilent assez vite devant l'observateur, celui-ci ne voit plus les dessins individuels, mais le mouvement produit par les légères différences entre les dessins. Dès que le film ralentit, on peut distinguer chaque dessin et les petites différences qui donnent l'impression de mouvement ; si le film s'arrête, l'observateur ne voir plus qu'un dessin et donc une scène fixe.

Notre vie se déroule comme un dessin animé ; la perte subie le transforme en un instantané. Le mouvement s'arrête ; tout se fige. Nous nous plongeons dans les albums photo pour nous rappeler le dessin animé de notre vie qui était et qui n'est plus.

Nous partons du principe juste que la vie se déroule du passé vers l'avenir en passant par le présent. Les tâches non accomplies aujourd'hui pourront l'être le samedi suivant. Les conflits non résolus hier pourront être de nouveau examinés demain. Les voyages non effectués cet été peuvent se reporter à l'été suivant. Nous vivons dans l'espoir que nos conditions de vie – notre santé, nos relations, notre emploi – resteront sensiblement les mêmes de jour en jour et ne connaîtront que de légères améliorations prévisibles. Nous sommes vraiment *obligés* de vivre ainsi. Il est impossible de concentrer en une journée tout ce que nous voulons accomplir durant notre vie entière. Les carrières, les relations et les expériences se dévoilent peu à peu au fil du temps.

C'est pourquoi les gens mariés parlent de phases dans leurs relations : la phase romantique, la phase professionnelle, la phase parentale. Les professionnels évoquent différentes périodes dans leur carrière : la période de formation et celle de l'idéalisme. Les théoriciens du développement décrivent la croissance humaine dans le contexte de phases psychosociales ; ainsi, Erik Erikson définit la phase de la confiance, celle de l'indépendance, et ainsi de suite. La vie est un processus. Elle ne survient pas de façon soudaine, mais s'échelonne dans le temps et passe par des phases.

La perte met brutalement fin à l'activité habituelle. La vie que nous menions et que nous comptions poursuivre s'arrête brusquement. Nous sommes déroutés par le fait qu'il n'y a soudainement plus de relation, plus d'emploi, plus de santé, plus de mariage, plus de famille. Le processus dans lequel nous étions engagés prend fin, la continuité est brisée et le développement s'arrête. Le dessin animé devient un instantané.

J'ai des photos de Lynda, de Diana Jane et de ma mère sur la tablette de cheminée dans notre salon. Je ne parviens toujours pas à m'habituer à les voir là. Je fixe du regard des photos de personnes que j'ai connues et appréciées, avec qui j'ai vécu, à qui j'ai parlé et que j'ai tenues dans mes bras. Leur image est totalement incapable d'exprimer ce qu'elles étaient dans la vie réelle et ce que la vie réelle signifiait pour elles. Immobiles et inertes, elles sont belles, mais mortes ; leurs portraits ne sont que des instantanés de gens que j'ai connus vivants dans le dessin animé de notre vie commune. Ils ne sont que de pauvres ersatz des relations pluridimensionnelles que j'avais avec eux.

Je trouve cependant de la consolation dans les trajectoires que ces relations ont suivies. Nous nous aimions bien, quoique imparfaitement. Nous construisions ensemble une vie riche. Lynda et moi venions juste de traverser une période de tension dans notre relation conjugale et nous étions entrés dans une nouvelle phase romantique. Notre communication était au beau fixe et, malgré nos emplois du temps chargés sur notre lieu de travail et à la maison, nous trouvions du temps à nous consacrer. Diana Jane, qui avait systématiquement préféré Lynda à moi, commençait enfin à s'attacher à moi et à réclamer mon attention. Ma mère jouissait beaucoup des visites qu'elle nous rendait. Elle arrivait toujours pleine d'enthousiasme et désireuse de servir. Elle était fière de moi, comme je l'étais d'elle. Si ces relations s'étaient poursuivies, le dessin animé aurait probablement eu une fin heureuse. Elles étaient toutes orientées dans la bonne direction.

Malgré cela, j'ai des regrets. Nos relations étaient encore imparfaites et incomplètes. Leur fin abrupte les a dépourvues d'un élément de finalité, comme si nous étions en train de cuire de succulents plats en vue d'un banquet déjà alléchant par son fumet, mais que nous n'avions pas pu le terminer à cause d'un incendie qui aurait ravagé la cuisine. Nous étions sur la voie du progrès, mais nos rapports n'avaient pas encore atteint la maturité souhaitable et souhaitée. En voici un exemple : j'ai toujours été enclin à exiger trop de Lynda et à lui donner trop peu en retour. Par ailleurs, Lynda et moi avions tendance à suivre certains schémas de comportement quand nous avions des conflits. Elle me faisait des reproches et je me sentais coupable. L'ennui est qu'elle n'avait pas toujours raison et que moi, je n'avais pas toujours tort. Nous en étions conscients tous les deux. Nous nous efforcions de combattre cette habitude lorsque l'accident est survenu, et nous avions déjà fait bien des progrès. Si seulement, j'avais eu la chance d'aller encore plus loin !

J'ai été étonné par le nombre de personnes qui m'ont dit : « Je n'ai pas que des regrets au sujet de la personne disparue. » Les gens sont comme les relations, ils sont loin de l'idéal. Ils ont des manies énervantes, de mauvaises habitudes et des côtés mesquins. Ils s'empêtrent et tombent. Ils sont en devenir et n'ont donc pas encore atteint l'idéal. Ma sœur et moi aimions notre mère, et elle nous manque beaucoup, mais nous nous sentons soulagés que certains aspects de sa personnalité appartiennent désormais au passé. Je peux dire la même chose de Lynda, comme elle aurait pu le dire de moi si j'avais péri dans l'accident au lieu d'elle. Tous les êtres humains ont des défauts. Tous sont imparfaits, ce qui explique pourquoi toutes les relations humaines sont imparfaites. Quand une personne souffre de la perte d'une relation, elle perd quelque chose qui est à la fois précieux et incomplet.

La brusque interruption du progrès prend une dimension tragique lorsque la perte brise la relation alors qu'elle est au plus bas. Un mari trouve la mort juste après une querelle conjugale. Une femme s'efforce d'apaiser les tensions avec son mari, mais finit par y renoncer et engager une procédure de divorce. Des parents d'une adolescente qui n'en fait qu'à sa tête regrettent de l'avoir trop laissée à elle-même pendant les années critiques de sa croissance. Le dicton : « On ne dira jamais trop «je t'aime» parce qu'on ne sait pas si on aura encore l'occasion de le dire », peut paraître banal, mais il énonce une grande vérité. La perte prend ce qu'on pourrait faire et le transforme en ce qu'on ne pourra plus jamais faire. Elle fige la vie en un instantané. On reste avec ce qui était au lieu de ce qui aurait pu être.

Cet arrêt brutal des activités habituelles constitue le côté le plus sombre du chagrin. Il nous oblige à reconnaître l'imperfection de la vie et à admettre nos lacunes. Le regret est donc un résultat incontournable de toute perte puisque celle-ci nous prive du lendemain qui nous aurait permis de mettre de l'ordre dans les événements de la veille ou du jour même. Le regret est particulièrement amer parce que nous nous retrouvons dépourvus du contexte nécessaire – relation, emploi, ou autre – pour remédier à nos manquements et prendre une direction nouvelle avant qu'il ne soit trop tard. Le regret est irréversible ; c'est pourquoi il est si mauvais.

Presque toutes les personnes que je connais et qui sont passées par un divorce ont des regrets – liés à l'égoïsme, à la malhonnêteté, à un esprit critique, à la froideur, à la colère et à un tempérament manipulateur. Elles se rendent compte que les choses auraient pu être différentes, ce qui ne fait qu'accentuer leur sentiment d'échec. Cinq ans, dix ans et peut-être vingt ans sont inutilement gommés de leur vie. Les parents d'un enfant qui s'est suicidé font état de regrets semblables. Ils comprennent a posteriori qu'ils n'ont pas corrigé leur enfant de façon constante ou qu'ils ont gâté leur fils ou leur fille de biens matériels pour compenser le manque d'attention parentale. Il est désormais trop tard pour inverser le cours des choses. Leur enfant a disparu pour toujours.

Des personnes atteintes de maladie en phase terminale se demandent si de meilleures habitudes de vie les auraient protégées de la maladie. Elles se font des reproches. « Pourquoi n'ai-je pas prêté attention aux avertissements du corps médical contre les méfaits du tabagisme, de la suralimentation, d'une nourriture non équilibrée, des abus d'alcool, ou de la toxicomanie ? » Des conducteurs imprudents ou ivres vivent avec le regret d'avoir causé la mort d'une personne innocente pour n'avoir pas su dire non à leur dépendance à la vitesse ou à la boisson. Les victimes de mauvais traitements regrettent de n'avoir pas résisté à leur agresseur et de n'avoir pas appelé à l'aide. Elles n'ont rien dit, ont subi la violence et l'ont laissée engendrer la honte dans leur âme. J'ai discuté avec de nombreux amis souffrant d'un handicap, qui regrettent de n'avoir pas pris des décisions plus sages quand ils étaient en bonne santé. Une femme m'a confié qu'elle souhaiterait avoir poursuivi une carrière professionnelle. Quelqu'un d'autre vit avec le regret de n'avoir pas su consacrer plus de temps à sa famille et moins à son employeur.

Le regret est à l'origine de la litanie des « si seulement » : « Si seulement j'avais fait plus d'efforts pour que ma vie conjugale réussisse… » ; « Si seulement je lui avais pardonné… » ; « Si seulement j'avais mis plus d'ardeur à étudier… » ; « Si seulement j'avais ralenti… » ; « Si seulement j'avais arrêté de fumer… » ; « Si seulement je lui avais demandé de rester à la maison ce soir-là… » ; « Si seulement j'avais consulté le médecin plus tôt, dès l'apparition des premiers symptômes… » ; « Si seulement j'avais su me taire quand j'étais tellement en colère… »

Le regret empêche la plaie de la perte de se cicatriser, car il nous maintient dans un état perpétuel de culpabilité. Privés de la possibilité de réparer nos torts, nous estimons qu'il n'y a plus de pardon ni de rédemption pour nous. Plus personne, par exemple, ne pourra faire revenir ma femme, ma fille et ma mère d'entre les morts. Le conducteur ivre qui a causé leur mort n'a aucune possibilité de rattraper cette journée et de décider de la vivre autrement. Je n'ai plus d'occasions de me conduire en meilleur mari pour Lynda, en meilleur père pour Diana Jane et en meilleur fils pour ma mère. Je dois vivre avec l'état instantané de nos relations au moment où la mort les a frappées. Je ne peux plus rien y changer.

Le regret est incontournable dans un monde d'imperfection, d'échecs et de pertes. Peut-il cependant y avoir une rédemption ? Une vie qui a pris une mauvaise voie à cause d'une perte peut-elle se ressaisir et s'engager sur une bonne voie, bien que la perte soit elle-même irréversible ? Des gens écrasés par le regret peuvent-ils en être affranchis et être transformés ? Je crois que la rédemption est possible, mais à une seule condition importante : les *gens* qui ont des regrets peuvent être rachetés, mais ils ne peuvent *supprimer* la perte à l'origine de leurs regrets. Ils peuvent être changés par les pertes inchangeables qu'ils ont connues. Pour que la rédemption soit possible, ils doivent lâcher la perte elle-même et accepter les effets positifs que la perte peut avoir dans leur vie. D'une certaine manière, ils doivent dépasser ce qui est derrière et tendre vers ce qui est devant, orientant toute leur énergie vers les changements qu'ils peuvent opérer maintenant. En d'autres termes, ils doivent rechercher la *transformation personnelle* qui ne s'opère que par grâce.

J'ai joui d'une relation saine et vitale avec Lynda. Nous nous sommes mariés jeunes – j'avais vingt et un ans, elle, vingt-deux – et nous nous sommes épaulés dans notre développement. Nous sommes entrés ensemble dans l'âge mûr. J'aurais toutefois pu être un meilleur mari. Je n'ai pas toujours favorisé ses aspirations professionnelles autant que les miennes ni pris ses objectifs professionnels avec le même sérieux que les miens. Nous aurions aussi tous les deux pu être de meilleurs parents. Nous avons donné trop de fessées, crié trop souvent et trop fait pour nos enfants. Nous nous sommes évertués parfois à former une famille parfaite.

Si je veux connaître une transformation, je dois laisser filer mes regrets de ce qui aurait pu être et viser ce qui peut être atteint. Toujours est-il que je ne peux pas avoir le meilleur des deux mondes : la croissance qui a transformé ma vie à la suite de la perte *et* les personnes dont la mort a permis cette croissance. Il y a là une ironie amère qu'on ne peut éviter, quelle que soit la mesure de notre progrès. Celles dont la mort a rendu possible mon changement en mieux sont précisément celles avec qui j'aurais aimé partager ces changements. Leur mort m'a contraint à grandir ; aujourd'hui, je regrette qu'elles ne soient pas là pour profiter de mes améliorations, que leur mort a rendues possibles.

La perte détruit bien des personnes qui, en découvrant ce qu'elles auraient pu être et n'ont pas été, choisissent de se complaire dans la culpabilité et le regret, de céder à l'amertume ou au désespoir. S'il est vrai que rien de ce qu'elles peuvent entreprendre ne peut annuler la perte et leur restituer ce qu'elles ont perdu, il n'est pas vrai qu'elles ne peuvent rien faire pour changer. La différence entre désespoir et espoir, amertume et pardon, haine et amour, stagnation et vitalité réside dans les décisions prises quant à ce qu'il convient de faire des regrets associés à un passé immuable et douloureux. Nous ne pouvons modifier la situation, mais nous pouvons laisser la situation nous changer. Nous ne faisons qu'augmenter inutilement notre souffrance en laissant une perte en entraîner une autre, puisque ce comportement aboutit à la destruction progressive de l'âme.

Cette destruction de l'âme correspond à la tragédie que j'appelle la « seconde mort », et elle peut être pire que la première. La perte d'un conjoint, d'enfants, de parents, de la santé, de l'emploi, de la vie conjugale, de l'enfance ou de toute autre chose n'est pas la pire mort qui existe. La *mort de l'esprit* qu'entraînent la culpabilité, le regret, l'amertume, la haine, l'immoralité et le désespoir est bien pire. Le premier type de mort survient *à* l'être éprouvé ; le second se produit *en* lui. C'est la mort que nous nous infligeons dès lors que nous refusons de nous laisser transformer par la première mort.

Ceux qui subissent une perte sont tentés de confondre les deux morts ou de permettre à la première de justifier la seconde. Bien qu'étroitement associées, les deux morts ne sont cependant pas identiques. La première mort, la plus évidente, conduit à la seconde, mais elle ne la provoque pas. C'est comme le mauvais temps qui incite le paysan à penser que sa mauvaise récolte est due aux conditions climatiques plutôt qu'à sa décision de semer tard ou de ne pas travailler le sol assez tôt. La maladie en phase terminale qui frappe un conjoint peut plonger le survivant dans le désespoir et le faire douter de retrouver la joie de vivre un jour ; or, le désespoir ne résulte pas de la maladie, mais de l'attitude du conjoint à son égard. Le divorce peut inciter un des ex-conjoints à haïr l'autre. La haine n'est pas le résultat du divorce, mais celui de la réaction choisie relativement au divorce. La mort d'un enfant peut plonger dans l'apitoiement de soi ; celui-ci ne résulte pas directement de la mort, mais de la décision prise quant à la manière de l'affronter. Le chômage de longue durée peut tenter le chômeur à faire des excès ; ceux-ci ne résultent pas de la perte de l'emploi, mais de la manière malsaine dont le chômeur s'y attaque.

Il est naturel que ceux qui passent par une perte catastrophique ressentent des émotions destructrices comme la haine, l'amertume, le désespoir et le cynisme. Ces émotions guettent quiconque connaît une tragédie et vit dans le regret. Il se peut que nous ayons à les combattre longtemps, et cette lutte ne sera pas facile. La tentation de se venger, de s'apitoyer sur soi-même ou d'en vouloir à la vie épargne peu de gens dans une situation de perte incalculable. Mais au terme d'une période de lutte qui aboutit parfois à une catharsis et à la libération, il peut nous sembler que nous sommes devenus les otages de ces émotions et assujettis à leur pouvoir sur notre vie. À ce moment-là, nous devons prendre une décision : allons-nous, oui ou non, *laisser* ces émotions destructrices nous dominer ? Un mauvais choix, et c'est la mort de l'âme, une mort bien pire que la disparition d'un être cher ou la perte d'un emploi ou de la santé.

Cette lutte nous apprendra que les émotions comme la colère ou l'apitoiement sur soi, bien que naturelles et légitimes, ne définissent pas la réalité. Nos sentiments, quoique réels, ne déterminent pas ce qui est réel. Nous ne pouvons les passer sous silence, mais nous ne devons pas non plus nous complaire en eux. Acceptons-les plutôt sans les considérer comme la vérité suprême. En soi, le sentiment n'est pas le centre de la réalité. C'est Dieu qui l'est. L'abandon à Dieu, même s'il va à l'encontre de nos émotions, nous délivre de notre ego et nous introduit dans un univers bien plus vaste et plus grand que nous.

J'ai récemment rencontré une femme dont la simple présence m'arracha des larmes avant même que nous ayons échangé une seule parole. Il se dégageait d'elle profondeur, compassion et grâce, et j'en fus inondé. Quelque chose en elle fit tomber mes défenses. Plus tard, j'appris pourquoi. Elle avait perdu deux enfants à la naissance et une fille de onze ans atteinte d'un cancer. Elle avait connu des pertes considérables, mais elle avait cependant décidé de choisir la vie. Elle est devenue une femme extraordinaire. J'ai aussi connu des gens que la perte a détruits. Ils n'ont pas souffert ni lutté plus que d'autres. Comme je l'ai déjà souligné, la souffrance et la lutte sont normales et même salutaires. Ces personnes se sont toutefois laissées aigrir par leurs pertes. Comme tout un chacun, elles ont été tentées par l'apitoiement sur elles-mêmes, l'amertume, la vengeance et tout le reste. À ce moment-là, elles n'ont cependant pas affronté carrément leurs émotions en les reconnaissant pour ce qu'elles étaient, ni cherché à les transcender. Elles ont laissé leurs émotions leur dicter la réalité. La souffrance ne les a donc pas transformées.

Le regret peut également conduire à la transformation si nous considérons la perte comme une occasion de faire l'inventaire de notre vie. La perte nous oblige à nous voir tels que nous sommes. Pendant environ quatre mois après l'accident, j'ai passé beaucoup de temps à repenser à la qualité de la relation conjugale que j'avais eue avec Lynda. La plupart des souvenirs ainsi évoqués m'étaient agréables, mais pas tous. J'ai aussi analysé mon histoire familiale et mis en évidence dans ma vie passée des modèles comportementaux qui s'étaient répétés d'une génération à la suivante. J'ai examiné de près le genre de personne que j'étais. Je ne cessais de me poser des questions et de procéder à mon évaluation. J'ai perçu des aspects troublants de ma personnalité. J'ai découvert à quel point j'avais été manipulateur et propre juste, et le nombre de fois où j'avais cherché à impressionner les autres et à les gagner. Cette période de réflexion profonde s'est révélée libératrice pour moi. Je suis maintenant plus détaché de mon passé que je l'aurais été autrement. Cette liberté n'a cependant pas découlé du déni de mon passé, mais du fait que je lui ai fait face, que je me le suis approprié et que je lui ai permis de me transformer.

Ma cousine Leanna, dont j'ai raconté une tranche de vie dans un chapitre précédent, m'a décrit la période de réflexion profonde qui suivit sa découverte du cancer. La prise de conscience de sa nature mortelle, une idée abstraite auparavant, l'incita à faire le point sur sa vie. Ce qu'elle découvrit ne l'a pas entièrement satisfaite. Elle remit en cause la décision qu'elle avait prise d'être mère au foyer et regretta de n'avoir pas poursuivi une carrière professionnelle. En même temps, elle déplora de n'avoir pas été plus attentive en tant que mère et épouse. Elle réfléchit à son arrière-plan familial et au rôle qu'il avait joué dans la formation de son caractère et de ses valeurs. Elle découvrit en elle-même des modèles comportementaux qui ne correspondaient pas du tout au genre de personne qu'elle voulait être. Cette période de remise en question se révéla à la fois exigeante et gratifiante. Elle lui fit prendre conscience de ses manquements, mais lui révéla également de nouvelles possibilités. Elle la convainquit de sa culpabilité et la conduisit à la grâce. Le fruit de cet examen de conscience se voit désormais clairement dans la profondeur de son caractère et de sa foi.

La négligence ou le refus de tirer un bilan du passé fait que nous reproduirons les modèles comportementaux qui étaient gravés en nous avant que nous souffrions d'une perte. Nous serons enclins à nous remarier sans choisir judicieusement notre partenaire, parce que nous n'aurons pas découvert la raison pour laquelle nous nous étions mariés la première fois sans réfléchir. Nous retomberons dans les mêmes dépendances qui ont causé la perte si dévastatrice. Nous continuerons de dilapider nos ressources parce que nous aurons refusé de nous plier à la discipline que nous aurions dû adopter bien plus tôt. Je connais une femme qui, à la suite de l'échec de son mariage, s'est interrogée sur les raisons qui l'avaient incitée à épouser son mari. Cette question toute banale en apparence l'a conduite chez un conseiller conjugal, une initiative qui marqua un tournant dans sa vie. Ce qu'elle apprit était très désagréable, mais ce qui en résulta fut remarquable.

La perte peut nous transformer si nous imprimons à notre vie une nouvelle direction. Mon deuil renforça l'essentiel de ce que je croyais déjà et me confirma que j'allais dans la bonne direction. Il me fit toutefois aussi comprendre que je nourrissais trop d'ambitions pour ma vie professionnelle et que j'étais trop égoïste à la maison. La perte me libéra de certaines de ces mauvaises habitudes et me rapprocha de mes enfants. J'étais déjà attentif à leurs besoins avant l'accident, mais depuis, je les porte dans mon cœur. Autrefois, je me *conduisais* en parent ; maintenant, je *suis* un parent.

Une veuve me dit récemment que la mort de son mari l'a amenée à repenser sa notion de l'amitié. Elle et son mari avaient toujours été les meilleurs amis du monde. C'est pourquoi elle avait consacré peu de temps et manifesté peu d'intérêt à tisser des liens d'amitié avec d'autres personnes, notamment avec des femmes. Après le décès de son mari, elle a commencé à voir l'amitié par les yeux d'une personne qui en avait besoin et non plus par ceux d'une personne censée l'offrir. Elle comprit qu'elle s'était privée d'amitiés parce que son mari lui suffisait. Elle n'avait jamais pensé à se lier d'amitié avec d'autres dans leur intérêt à défaut du sien. Sa solitude et son isolement l'obligèrent à considérer la vie sous un autre angle. Elle se tissa ainsi petit à petit un réseau d'amitié, reconnaissante et heureuse que ces amis ne soient pas aussi exclusifs et inaccessibles qu'elle l'avait elle-même été.

En fin de compte, la perte nous transforme si elle nous pousse à rechercher le pardon de Dieu. Parfois, l'image arrêtée nous rappelle combien nous étions loin du but au moment de la perte et combien nous y avons mal réagi. L'instantané expose notre être intérieur. Nous sommes bien forcés d'affronter la laideur, l'égoïsme et la méchanceté de notre vie. Et ensuite ? Dans ce cas, il n'y a pas de deuxième chance. Nous restons là avec le souvenir amer de nos manquements, voire avec celui de nos bonnes intentions que nous n'avons jamais concrétisées. Dieu a cependant promis de pardonner leurs manquements à ceux qui les lui confessent, d'absoudre ceux d'entre nous qui confessent leurs fautes et de corriger le mal que nous regrettons.

Le don du pardon divin nous aide à nous pardonner nous-mêmes. Sans ce pardon, le regret devient une sorte d'autoflagellation. Nous voyons le mal que nous avons commis et les souffrances que nous avons causées à autrui. Nous avons le sentiment aigu de notre culpabilité. Notre égoïsme et notre stupidité nous répugnent. Et nous savons que rien ne peut inverser les conséquences de nos actions. Un Dieu saint nous accorde toutefois son pardon si nous le lui demandons sincèrement ; un Dieu juste nous témoigne sa compassion et nous serre dans ses bras. Si un tel Dieu peut nous pardonner, alors nous pouvons certainement nous pardonner aussi. Si un tel Dieu répand sur nous une grâce aussi abondante, alors nous pouvons certainement cesser de nous punir et vivre dans cette grâce. Le pardon divin conduit au pardon de soi.

Par son pardon, Dieu nous indique qu'il veut se charger de nos pertes et nous les restituer sous la forme d'une bénédiction. Cette œuvre de la grâce ne supprime pas la perte et ne change pas ses conséquences. La grâce ne bouleverse pas l'ordre moral. Le mal sera toujours mal. La grâce peut néanmoins faire sortir du bien d'une situation fâcheuse ; elle prend un mal et en tire quelque chose de bon. Telle est l'œuvre que Dieu a accomplie par la crucifixion. Il a transformé le mal d'un meurtre injuste en salut bénéfique. Il peut faire la même chose dans notre cas. La souffrance ne nous sera pas épargnée, mais avec l'aide de Dieu, elle pourra nous transformer. L'apôtre Paul écrivit que rien « ne [peut] nous séparer de l'amour de Dieu manifesté en Jésus-Christ notre Seigneur[1] ». Rien ! Ni les dangers, ni les difficultés, ni les conflits, ni les échecs, ni la culpabilité, ni les regrets. Rien. Pas même nos pertes. Telle est la promesse d'une transformation authentique ; tel est le pouvoir de l'amour divin.

J'avais appris par cœur ce texte paulinien il y a déjà fort longtemps, et il me revint à l'esprit après l'accident. Pendant des mois, je me suis senti brisé. Je ne pouvais rien faire pour Dieu, et j'avais peu envie de lui obéir. Nuit après nuit, je me suis assis dans mon salon, incapable de dire quoi que ce soit, de formuler une prière ou d'agir. J'étais dépourvu d'énergie et de désir. La seule chose que je pouvais faire, c'était de *laisser Dieu m'aimer*, même si j'avais du mal à croire qu'il aimait quelqu'un, en particulier moi. Je ne savais pas comment vraiment croire, ni même si j'en avais envie. Ma volonté et mon désir de croire avaient disparu. Pourtant, je croyais tout de même que ma faible foi ne gênait pas Dieu. Il m'aimait dans ma détresse ; il m'aimait parce que j'étais misérable. Cette expérience m'apprit que rien ne peut nous séparer de l'amour de Dieu, pas même notre incapacité à l'aimer en retour ! Pour la première fois de ma vie, je fis l'expérience de l'amour inconditionnel de Dieu.

Cependant, une difficulté subsistait. Certes, Dieu a promis pardon et amour inconditionnel. De mon côté, je me demandais néanmoins si je pouvais me fier à un Dieu qui avait permis, voire voulu, la souffrance. À cause de ma perte, Dieu me semblait distant et hostile, comme s'il n'avait pas pu ou pas voulu m'empêcher de souffrir, ou me délivrer de la souffrance. Tout en croyant que ma transformation dépendait de la grâce de Dieu, je n'étais pas sûr de pouvoir faire confiance à ce Dieu. Était-il d'ailleurs possible de croire en Dieu après ce qui s'était passé ? Comme nous le verrons, cette question m'a longtemps hanté.

chapitre 8

La terreur devant ce qui est aléatoire

L'affliction est anonyme... ; elle dépouille ses victimes
de leur personnalité et les transforme en choses.
Elle est indifférente ; et c'est la froideur de cette
indifférence – une froideur métallique –
qui fige tous ceux qu'elle touche au plus profond
de leur âme. Ils ne retrouveront plus jamais de la chaleur.
Ils ne croiront plus jamais qu'ils sont quelqu'un.

Simone Weil

Je me souviens avoir eu un jour une conversation avec Lynda à propos d'un accident rapporté dans notre journal local. Une voiture familiale avec six enfants et leur mère à son bord avait dérapé sur l'autoroute, franchi le talus et plongé dans près de deux mètres d'eau. Trois des six enfants avaient trouvé la mort. Nous nous sommes dit avec une certaine nervosité que le problème ne résidait pas dans le fait qu'un malheur ait frappé des gens innocents – ce qui nous paraissait terrible –, mais qu'il ait frappé à l'aveuglette, ce qui nous a semblé encore pire. Nous nous sommes interrogés : « Pourquoi le pneu a-t-il éclaté à ce moment et à cet endroit précis ? » L'aspect arbitraire de la situation nous a fait frémir d'horreur. S'il fallait souffrir, nous voulions au moins savoir pourquoi, prévoir la souffrance et nous préparer à l'endurer. L'aspect aléatoire et donc imprévisible de l'épreuve nous terrifia.

C'est avec une ironie amère que je me rappelle cette conversation. Ces dernières années, le sentiment qui a dominé ma vie a été une perplexité angoissée et triste. Je me suis fréquemment posé la question : Pourquoi cela nous est-il arrivé à nous ? Pourquoi étions-nous à cet endroit précis, à cet instant précis et dans ces circonstances précises ? Rien qu'un arrêt prolongé d'une seconde à un stop, un changement de place à la dernière minute avant le départ, une accélération plus forte ou moins rapide après un virage nous auraient épargné toute cette souffrance indicible.

Je me suis également entretenu avec des vétérans de la guerre du Vietnam qui font état de cette même perplexité devant le hasard de la souffrance. L'un d'eux me raconta qu'il était parti en patrouille avec un autre soldat qui marcha soudain sur une mine. L'explosion le tua instantanément. Un autre vétéran s'interrogea sur le côté arbitraire de la mort sur le champ de bataille. Le soldat à votre droite est blessé, celui à votre gauche est tué et vous vous en sortez sans la moindre égratignure.

Récemment, un homme qui avait été libéré de l'armée de l'air américaine à cause de troubles mentaux revint sur son ancienne base aérienne à l'extérieur de Spokane pour abattre le psychiatre militaire qui avait recommandé sa réforme de l'armée. L'homme trouva le psychiatre dans son bureau et le tua devant un patient. Puis il sortit du bureau et, en longeant le couloir de l'hôpital, il tira au hasard, tuant trois personnes et en blessant vingt-trois autres avant qu'un policier militaire ne le tue à son tour. Ses victimes étaient toutes des spectateurs innocents qui ignoraient qui était cet homme et pourquoi il tirait. Elles s'étaient trouvées au mauvais endroit au mauvais moment.

Dans cette folie meurtrière, les quatre membres d'une famille furent blessés, dont les parents gravement. Des deux jeunes enfants qui avaient accompagné cette famille amie pour la journée, l'une, une fillette âgée de huit ans, fut tuée. Je suis sûr que ses parents se sentent coupables et sont en colère. Ils s'en voudront d'avoir permis à leur fille d'accompagner cette famille amie ou reprocheront à celle-ci d'avoir invité l'enfant à se joindre à elle. Ils éprouveront également de la rage contre le tueur coupable d'un geste aussi insensé, particulièrement parce qu'il s'est attaqué à des innocents. En fin de compte, ils seront interloqués devant l'aspect complètement aléatoire de ce qui s'est déroulé. Pourquoi notre fille ? Pourquoi était-elle là ? Pourquoi à ce moment-là ? Ils se répéteront que tout cela n'a pas de sens. Et ils auront raison.

Il y a évidemment de l'ordre dans la vie. La nature reflète un ordre que les scientifiques constatent et sur lequel ils s'appuient journellement dans leurs recherches. Sans cet ordre, ils ne pourraient effectuer la moindre étude. Jetez un objet en l'air, et il retombera sur le sol avec une accélération constante, comme l'a constaté Newton. Les êtres humains imposent un certain ordre au monde grâce notamment aux horloges, aux horaires et aux plans des villes. L'ordre ne prévaut toutefois pas toujours. Une famille vit confortablement depuis quarante ans dans une ville du Midwest. Un beau jour, une tornade se forme et balaie leur maison en épargnant les autres du quartier. Un homme d'âge mûr se nourrit correctement et fait régulièrement de l'exercice, mais une grosseur dans la nuque l'oblige à consulter un médecin qui diagnostique un lymphome. Une femme a déjà derrière elle plusieurs années de réussite professionnelle, ainsi que de vie conjugale et parentale heureuse. Un beau jour, tandis qu'elle fait son jogging dans le parc, un inconnu la viole. En un clin d'œil, son univers s'enlaidit et elle devient amère. Elle se demande avec regret pourquoi elle est partie faire son jogging dans le parc à cette heure et pourquoi son agresseur l'attendait juste à cet endroit.

La perte confère à l'univers un aspect froid et hostile, comme s'il se réduisait à un ensemble de billions d'atomes qui entrent en collision sans prévisibilité, sans but et sans raison. La vie surgit par hasard, bonne ou mauvaise. Son caractère aléatoire nous pousse à la vivre du mieux possible, mais à la fin, nous devons bien nous rendre compte que ce qui arrive est souvent arbitraire. À ces moments-là, l'univers semble aussi illogique que la fillette qui pense que son petit frère a la rougeole parce qu'elle lui en veut momentanément.

Ce sentiment d'imprévisibilité totale a été l'un des pires aspects de mon expérience de deuil. L'événement échappait complètement à ma direction ; c'était « un accident ». La menace d'« anomie », terme par lequel Peter Berger qualifie ce désordre, m'était et m'est toujours presque insupportable. Pendant les mois qui suivirent l'accident, j'ai passé et repassé les événements de cette journée tragique dans mon esprit. J'ai revécu cette journée, modifiant notre emploi du temps pour que l'accident ne se produise pas. Je suis parti à la recherche de raisons. Je me suis reproché d'être un mari égoïste, un père distrait et un fils distant. Je me suis demandé si ma famille était sous le coup d'une malédiction. J'ai nourri l'idée que l'accident était le résultat d'une attaque démoniaque. J'ai jeté un regard cynique sur l'absurdité de la vie. Je me suis dit que Dieu n'existait peut-être pas et que la vie n'avait aucun sens. Je me suis résigné à la misère et à la mort, cédant ainsi à son inexorabilité. Ces élucubrations de l'esprit me tourmentaient parce que je ne trouvais aucune explication donnant un sens à la tragédie. La réponse au pourquoi m'échappait.

La souffrance est peut-être la plus intense quand elle est arbitraire, car nous sommes alors privés de la consolation, bien que glaciale, de savoir que les événements, même cruels, surviennent pour une raison. Dévisser lors de l'ascension d'une paroi dangereuse effectuée par un alpiniste qui n'a pas pris la précaution de s'encorder entraîne un certain genre de souffrance. Le drame nous fait secouer la tête, mais nous nous disons que le montagnard aurait dû s'entourer de précautions ou entreprendre une ascension qui correspondait davantage à ses capacités. Ce qui s'est produit entraîne une réelle souffrance, mais au moins, elle est compréhensible. Des gens acceptent parfois des emplois ou s'adonnent à un passe-temps dangereux comportant des risques de blessures ou de mort. Être frappé par un éclair ou par une balle perdue entraîne toutefois un autre type de souffrance. Nous frémissons alors parce qu'il n'existe pas d'explication satisfaisante ni de schéma connu. La mort a frappé, un point, c'est tout. La victime était tout simplement au mauvais endroit au mauvais moment.

Je garde en mémoire depuis des années le souvenir d'une brève rencontre juste après l'accident parce qu'il illustre si bien la terreur que nous éprouvons devant ce qui est aléatoire. Après l'arrivée des équipes de secours sur le lieu du drame, j'ai cessé de porter secours aux mourants pour m'occuper de mes enfants, dont des inconnus avaient pris soin. John était hystérique. Nous avons découvert bien plus tard que ses cris étaient provoqués autant par la souffrance que par la peur, car il avait le fémur brisé. Je l'ai pris dans mes bras et éloigné de la scène de chaos pour le calmer. J'avais marché environ quinze mètres quand je rencontrai un homme visiblement blessé à la tête, titubant vers moi. J'ai immédiatement eu l'impression qu'il s'agissait du conducteur de l'autre véhicule. Nos regards se sont croisés brièvement, mais intensément, comme si nous savions tous les deux qu'il s'était passé quelque chose d'atroce entre nous. Il s'est allongé et quelqu'un l'a recouvert d'une couverture. Je l'ai regardé quelques instants alors qu'il était couché immobile à mes pieds, et il m'a regardé. Alors que John criait, que les sirènes hurlaient, que les lumières scintillaient et que les gens regardaient bouche bée par les glaces de leurs voitures, nous n'avons pu détacher notre regard l'un de l'autre. À ce moment, je me suis dit : *Je ne sais même pas qui est cet homme. Peut-être ne le reverrais-je plus jamais. Et pourtant, il a changé ma vie pour toujours. Quel pouvoir il a exercé sur moi et sur mes enfants ! Il a tué trois membres de ma famille. Comment est-ce possible ?* Soudain, j'ai éprouvé de la terreur devant l'aléatoire.

Pendant longtemps, j'ai voulu changer les événements de cette journée afin de modifier l'avenir que cet accident m'avait imposé. J'ai passé des semaines à imaginer comment nous aurions pu modifier notre emploi du temps pour ne pas aller au pow-wow. N'y ayant pas réussi, je me suis dit que nous aurions dû y rester plus longtemps, que j'aurais dû envoyer les enfants aux toilettes avant de rentrer chez nous. J'aurais dû prendre une mauvaise direction ou m'attarder plus longtemps à une intersection. De toutes mes forces, j'ai essayé de modifier dans mon imagination ce qui s'était produit dans la réalité.

Jack, mon beau-frère, me demanda un jour si je désirais vraiment détenir ce genre de pouvoir. Il disait que dans ce bas monde, la vie est un accident voué à se produire tôt ou tard, et que nous ne pouvons pas y faire grand-chose. Le bon sens nous dicte assurément d'attacher nos ceintures de sécurité, de respecter les limites de vitesse, de consommer des aliments sains, de faire de l'exercice régulièrement, de nous octroyer assez de repos et de prendre des décisions sages. Ces bonnes habitudes réduisent les risques d'accident, mais ne les éliminent pas. Est-ce que je tenais vraiment à savoir ce qui devait se produire ultérieurement pour me protéger des accidents qui surviennent inévitablement et par hasard dans la vie de toute personne ? Et si je savais quels accidents me menaçaient et pourraient changer le cours de ma vie, est-ce que je voudrais pour autant savoir quels accidents m'arriveraient à la suite de la nouvelle direction que j'aurais imprimée à ma vie ? Jack me fit comprendre que ce que je désirais en fait, c'était être Dieu, un choix totalement inaccessible. Si donc je voulais vraiment me protéger des accidents, poursuivit-il, je devrais m'enfermer dans une bulle antiseptique et y passer le restant de mes jours. Mais qui y tient vraiment ? Mon beau-frère conclut en disant qu'il valait mieux que je me prépare à affronter les accidents et que je les supporte du mieux possible. Il était donc préférable que je renonce à ma quête de domination et que je vive d'espoir.

C'est peut-être pour cela que la plupart des gens donnent l'impression de maîtriser si bien leur perte. Ils apprennent à vivre d'espoir. Compte tenu des souffrances qui nous guettent tous, il est surprenant que si peu d'entre nous vivent dans une angoisse constante, paralysés à l'idée de ce qui pourrait leur arriver. D'une certaine manière, nous arrivons à gérer notre vie de façon convenable en espérant le meilleur et, si le moment est venu d'affronter le pire, nous l'acceptons comme faisant partie de la vie dans un monde déchu. Nous sommes des créatures qui ne se laissent pas facilement abattre. Quand un coup du sort nous envoie au tapis, nous nous relevons, comme l'herbe qui se redresse après avoir été piétinée. Nous sommes capables d'aimer, de travailler et d'espérer de nouveau. Nous estimons qu'il vaut la peine de courir les risques et les ennuis de la vie dans le monde, même si nous devons inévitablement affronter des situations effroyables. Nous voulons croire que, tout compte fait, la vie vaut la peine d'être vécue.

Pour ma part, je la crois digne d'être vécue, même s'il m'a fallu beaucoup de temps pour arriver à cette conclusion. Deux histoires bibliques m'y ont aidé en me faisant voir l'effroi de ce qui est aléatoire sous un autre angle. Les deux récits montrent que des événements qui semblent fortuits ne sont pas du tout aussi accidentels que nous le pensons. Le premier récit, celui d'un homme riche du nom de Job, traite de notre pouvoir de choisir Dieu même s'il semble lointain et si le chaos semble régner. Le second, l'histoire de Joseph, démontre que Dieu est aux commandes, même si notre expérience ne nous permet pas de le constater immédiatement.

Au début, l'histoire de Job me révoltait[1]. Je fus finalement contraint de l'étudier plus en profondeur pour préparer un cours sur les conceptions juives de la souffrance. Tout commence par la description de la prospérité et des qualités de Job. Il est riche, a de nombreux enfants et une femme fidèle, il est bon et généreux. Si un homme méritait une telle abondance de biens, c'était bien Job le juste. Puis le décor change. Dans les parvis célestes, Satan s'approche de Dieu qui lui fait remarquer que personne ne ressemble à Job en matière de foi et de vertus. Satan conteste toutefois le jugement de Dieu et prétend que si Job est si bon et si respectueux de Dieu, c'est parce que celui-ci lui a rendu la vie facile. Si Dieu lui rendait la vie misérable, il verrait un autre côté de cet homme.

Satan propose donc un marché à Dieu pour voir si Job continuera d'être un homme juste dans la souffrance. Dieu relève le défi et permet à Satan de changer en pire les conditions de vie de Job. Satan commence par priver Job de ses richesses, puis de ses enfants et de ses serviteurs, et finalement de sa santé. Job n'a plus rien. Il se dirige vers un tas de cendres ; là, il gratte ses ulcères et se plaint de son sort. Il n'est évidemment pas au courant de ce qui s'est passé entre Dieu et Satan au ciel ; il ne voit que sa perte, sa souffrance et sa misère.

La plus grande partie de l'histoire consiste en des conversations entre Job et trois de ses amis. Ceux-ci sont venus lui rendre visite pour le consoler. Pendant sept jours, ils restent assis avec lui sans mot dire ; ils sont tellement horrifiés par son aspect et sa souffrance qu'ils ne peuvent parler. Finalement, ils se risquent à expliquer pourquoi Job connaît une telle tragédie. Ils sont tous convaincus que des gens comme Job souffrent parce qu'ils le méritent. Bien que Job donne l'apparence d'être un homme juste et bon, au fond de lui-même il doit être vraiment mauvais, sinon il ne serait pas frappé par une telle calamité. Dans son désespoir et son agonie, Job donne libre cours à sa douleur, se plaint auprès de Dieu, maudit le jour de sa naissance et souhaite n'être jamais né. Il ne maudit toutefois pas Dieu et n'accepte pas l'explication de ses trois amis. À ses yeux, il n'est pas pire que les autres hommes ; en fait, il est même probablement meilleur. Pourquoi alors souffre-t-il tellement plus que n'importe qui ? Il ne voit aucun sens à sa souffrance. Elle semble résulter du hasard, ce qui l'épouvante.

Élihu, un autre personnage, s'avance. Il a écouté patiemment les conversations entre Job et ses trois amis et estime que son tour est venu de prendre la parole. Il remet en question chacune de leurs explications et en propose une autre. Il affirme que Dieu est transcendant, malgré ce que Job subit. Il suggère que Dieu parle par des voies mystérieuses, par exemple par des rêves, pour indiquer aux gens ce qu'ils doivent savoir, mais qu'ils ont du mal à comprendre le concernant.

Finalement, Dieu se présente à Job dans un tourbillon et lui pose une série de questions de pure forme destinées à prouver qu'il est transcendant, puissant et sage, bien supérieur au minuscule Job. « Peux-tu jeter les étoiles dans l'espace ? », lui demande Dieu. « Où étais-tu à la création du monde ? » Job finit par reconnaître qu'il a parlé de choses qui le dépassent. Aussi étrange que cela puisse paraître, Job s'excuse auprès de Dieu. Puis Dieu le relève, lui rend tous ses biens en double et conseille à ses amis dans l'erreur de demander à Job de prier pour eux, car ils sont plus fautifs que lui.

Quand j'ai lu cette histoire pour la première fois, j'ai été troublé par l'apparente injustice de Dieu. Job semble être un pion ; sa vie est soumise à des forces qui échappent à sa connaissance et à sa domination. J'ai également été désemparé par la démonstration de l'extraordinaire puissance de Dieu qui écrase Job et l'oblige à ravaler les questions légitimes qu'il se pose. Je me suis rendu compte après-coup que je portais sur ce récit un regard critique parce que je me trouvais à *l'extérieur* de l'expérience de Job et que je la lisais du dehors, comme si j'étais un chercheur scientifique observant des sujets au cours d'une expérience clinique.

L'histoire de Job m'est devenue beaucoup plus compréhensible et plus sensée quand j'ai essayé de me placer *dans* la peau de Job, ce que toute personne qui a connu une perte hautement significative peut faire. J'ai tremblé devant la puissante liberté que possédait Job de décider comment il allait réagir à ses souffrances. L'usage qu'il a fait de cette liberté a eu des répercussions jusque dans les sphères célestes où tous les êtres célestes, y compris le Dieu Tout-Puissant, observaient la direction que Job imprimerait à sa vie. Les choix de Job avaient beaucoup d'importance pour eux. Le patriarche ne savait pas jusqu'où son pouvoir s'étendait, mais contrairement à ce qu'il était tenté de penser, il n'était pas un personnage solitaire dont les décisions n'avaient aucune importance.

J'ai aussi compris que Job cessa d'interroger Dieu non parce que celui-ci était un despote, mais parce que Job avait contemplé l'insondable grandeur de Dieu dans son expérience personnelle immédiate. Il avait parlé de Dieu avant d'en arriver à le connaître. En rencontrant le Dieu réel, il n'a tout simplement plus eu de questions à lui poser. Dieu constituait la réponse à toutes ses questions, même à celles qu'il n'avait pas pensé à soulever. Job a appris que derrière le caractère apparemment fortuit de la vie, il y avait l'existence de Dieu dont la grandeur transcendait Job sans pour autant réduire l'importance de ses choix. Tout compte fait, Job a découvert un sens à sa vie dans l'ineffable présence de Dieu, qu'il ne pouvait pas pleinement comprendre par son intelligence, mais dont il pouvait faire l'expérience dans les profondeurs de son être.

La seconde histoire, l'expérience que Joseph a faite de la souffrance, suit deux fils qui finissent par se rejoindre[2]. Le premier décrit la souffrance de Joseph et son innocence. Il est le fils préféré et gâté de son père. Dans leur ardente jalousie, ses frères le trahissent. Ils le vendent comme esclave à des marchands qui se rendent en caravane en Égypte et déclarent à leur père qu'une bête sauvage l'a tué. Pendant ses premières années en Égypte, Joseph est au service d'un chef riche et puissant ; il gère toute sa maisonnée et finit par atteindre la position élevée d'intendant de tous les biens du maître. Il est cependant de nouveau trahi, cette fois-ci par la femme de son maître. Il est jeté en prison, où il accède au poste de chef des prisonniers. À deux endroits clés du récit, le narrateur précise que Dieu était avec Joseph, même dans ses souffrances, et l'attitude de Joseph montre que celui-ci le croit, alors qu'il n'a aucune raison apparente de le faire. Après avoir interprété un songe troublant du roi d'Égypte et lui avoir conseillé de prendre des mesures sages, Joseph est non seulement libéré de sa prison, mais de plus, il est nommé administrateur en chef de l'Égypte. Il supervise les réserves du blé excédentaire durant les sept années de récoltes abondantes et leur distribution équitable pendant les sept années de famine. Bien des années plus tard, les frères de Joseph descendent en Égypte pour y acheter du blé. Après les avoir mis à l'épreuve, Joseph se fait connaître à eux et fait venir leurs familles et son père en Égypte où ils s'établissent et prospèrent. Tel est le premier fil du récit.

Il existe aussi un deuxième fil. Celui-ci fait intervenir le dessein transcendant du Dieu qui intègre l'histoire personnelle de Joseph dans une histoire beaucoup plus vaste. C'est bien à cause de ses frères que Joseph souffre, mais Dieu a déjà prévu d'utiliser l'expérience de Joseph pour faire descendre sa famille en Égypte où elle vivra et où ses descendants deviendront ultérieurement esclaves. Puis, des années plus tard, ils retrouveront la liberté sous la conduite de Moïse, l'un des plus grands leaders de la religion juive. Joseph ne pouvait évidemment pas deviner que sa propre histoire s'intégrerait dans une intrigue beaucoup plus vaste mettant en scène des milliers de personnes sur des siècles d'histoire. Il s'avère cependant que la vie de Joseph ne se réduit pas à une succession d'événements isolés et fortuits, enchaînés les uns aux autres ; c'est vraiment une histoire qui répond à un but que l'intéressé ne voit pas et ne pourra jamais comprendre entièrement.

Pourtant, même dans le contexte de sa vie, Joseph comprend assez les projets divins pour dire à ses frères : « Vous aviez médité de me faire du mal : Dieu l'a changé en bien...[3] ». Joseph reconnaît que ses frères lui ont fait beaucoup de mal ; mais il croit que la grâce de Dieu en a triomphé. Il perçoit dans le déroulement de sa vie la bonté de Dieu, qu'il ne pouvait pas voir avant. L'histoire de Joseph nous aide à comprendre que nos tragédies personnelles peuvent représenter un triste chapitre dans un livre merveilleux. Les mystérieux desseins de Dieu enveloppent l'effroi inhérent à l'aléatoire. Et finalement, la vie se révèle bonne, même si le chemin pour y parvenir peut paraître tortueux et pénible.

Je me suis souvent dit que mon histoire personnelle s'inscrit dans un plan plus vaste, dont je ne saisirai peut-être même jamais la moitié. Je ne peux tout simplement pas voir la grande tapisserie, mais *je décide de croire* que cette tapisserie existe et que la perte que j'ai subie représente un petit morceau de ce chef-d'œuvre brodé par Dieu lui-même. Je me demande parfois comment mon expérience du deuil apportera sa pierre à la réalisation du projet divin immense que je ne peux encore ni voir ni comprendre. Peut-être mon histoire pourra-t-elle aider à racheter un passé mauvais ou à créer un avenir meilleur. Peut-être que mon ascendance familiale a produit des générations de pères absents et égoïstes, et que j'ai eu l'occasion de mettre un terme à ce schéma. Il se peut que des gens qui ont connu une perte catastrophique jettent un jour un regard sur notre famille pour y puiser espoir et inspiration. Je l'ignore. J'ai cependant décidé de croire que Dieu oriente toutes choses vers un but ultime et qu'il intègre même ma perte dans son projet.

Dans *The Eighth Day* (Le huitième jour), Thornton Wilder nous propose de considérer notre vie comme un vaste paysage qui s'étend bien au-delà de ce que le regard de l'expérience peut embrasser. Qui sait comment une expérience, aussi horrible qu'elle soit, pourra déclencher une chaîne d'événements qui béniront des générations futures ? La perte peut sembler le résultat du hasard, mais cela ne signifie pas qu'elle l'est effectivement. Elle peut s'intégrer dans un projet qui dépasse tout ce que notre imagination peut concevoir.

chapitre 9

Pourquoi pas moi ?

Jean Valjean, mon frère, vous n'appartenez
plus au mal, mais au bien. C'est votre âme que je
vous achète ; je la retire aux pensées noires et
à l'esprit de perdition, et je la donne à Dieu.

Victor Hugo, *Les Misérables*

Après l'accident, j'ai reçu beaucoup de cartes et de lettres. À ma grande reconnaissance, peu de gens se sont permis de me donner des conseils. Ils ont plutôt donné libre cours à leur stupéfaction, à leur colère et à leurs interrogations : « Pourquoi vous ? » Une personne a exprimé sa réaction de la façon suivante : « Votre famille semblait tellement idéale ! Cette tragédie est une terrible injustice. Si elle vous a frappé, vous, elle peut aussi bien atteindre chacun d'entre nous. Nul n'est en sécurité ! »

C'est vrai, personne n'*est* à l'abri, car l'univers est difficilement un endroit sûr. Il est souvent cruel, imprévisible et injuste. La perte échappe complètement à notre notion de justice. Certaines personnes vivent longtemps et heureuses, alors qu'elles mériteraient de souffrir. D'autres subissent une perte après l'autre, alors qu'elles devraient être bénies. Peu importe son identité et sa situation sociale, chacun est égal tant devant la perte que la chance. La misère des uns et le bonheur des autres ne riment à rien.

Deux semaines avant l'accident, Lynda et moi avons eu une longue conversation à propos de ce que chacun ferait si l'autre venait à disparaître. Nous avons évoqué comment le survivant élèverait les enfants et ce qu'il trouverait de plus difficile dans son rôle de parent seul. Nous nous sommes demandé lesquels de nos amis nous resteraient attachés et lesquels nous laisseraient tomber. Nous avons abordé les questions d'argent, de gestion du temps et de l'entretien de la maison. Mais nous avons également parlé de remariage. Nous étions d'accord pour admettre que l'idéal serait qu'il y ait deux parents dans le foyer. Les conditions sont rarement idéales cependant, ce qui nous rendait prudents devant l'hypothèse d'un remariage. Nous avons donc conclu qu'il valait mieux rester seul et investir toute notre énergie dans les enfants plutôt que de nous engager dans une relation qui détournerait du foyer une partie de notre énergie. Puis Lynda avait dit en plaisantant : « D'après ce que je sais des statistiques, il n'y aurait pas d'homme disponible que je puisse épouser. Et je te connais assez pour dire qu'il n'y aurait pas de femme assez étourdie pour t'épouser ! » Finalement, nous avons été très soulagés de penser que notre conversation portait sur des questions de pure théorie et non sur des faits indéniables. Combien nous étions heureux d'être ensemble !

Pourquoi moi ? Cette question, je me la suis posée souvent, comme le font d'ailleurs ceux qui viennent de connaître une perte ou un deuil. Pourquoi le deuil nous a-t-il frappés, nous ? Et pourquoi à notre âge ? Pourquoi après tant d'efforts déployés pour maintenir notre vie conjugale ? Pourquoi dans la fleur de l'âge ? Pourquoi juste avant la retraite ?

Pourquoi moi ? Pour la plupart, nous tenons à tenir les rênes de notre vie entre nos mains. Et nous y parvenons très souvent, grâce notamment aux pouvoirs dont nous disposons dans la civilisation occidentale. Nous avons accès à des soins médicaux de qualité, à l'instruction et à des loisirs. Nous avons de bons emplois et des maisons ou des appartements confortables. En conséquence, nous pouvons obtenir beaucoup de ce que nous souhaitons. Cet avantage a toutefois son revers : le fait d'exercer une telle maîtrise nous laisse démunis et vulnérables dès que nous la perdons.

La perte nous prive de pouvoir. Le cancer poursuit son œuvre dévastatrice, la violence éclate, le divorce détruit, le chômage contrecarre les projets et la mort frappe – souvent sans crier gare. Nous sommes alors soudain contraints d'affronter carrément nos limites. Nos attentes s'écroulent devant nous. Nous nous demandons ce qui est allé de travers. Nous n'apprécions pas du tout l'intrusion fortuite, le désagrément, l'échec. Nous n'avons rien prévu de tout cela ! « Pourquoi moi ? »

J'ai entendu un jour quelqu'un poser la question opposée : « Pourquoi *pas* moi ? » Ce n'était pas une question fataliste, car celui qui la posait n'est pas fataliste. Il l'a formulée après la mort de sa femme, victime du cancer. Il disait en somme que la souffrance fait simplement partie de la vie. Lui et sa femme avaient été mariés trente ans, avaient élevé leurs enfants, avaient été au service de leur communauté et avaient joui de nombreux bons moments ensemble. Ensuite, le temps était venu de connaître un autre aspect de la vie, son côté plus sombre et plus douloureux. Cet homme ne pouvait pas davantage expliquer pourquoi sa vie s'était détériorée qu'il n'aurait pu dire pourquoi elle avait été si heureuse avant. Avait-il choisi de grandir dans une famille équilibrée ? Avait-il eu son mot à dire quant à son lieu et à sa date de naissance, ainsi qu'à ses parents biologiques ? Avait-il décidé de sa taille, de son poids, de son intelligence et de son aspect ? Était-il meilleur qu'un bébé né dans une famille pauvre du Bangladesh ? Il avait simplement conclu qu'une grande partie de la vie nous est imposée ; elle échappe à notre domination. La question : « Pourquoi *pas* moi ? » est tout aussi valable que n'importe quelle autre.

Cet homme voit la vie sous un autre angle. Il comprend son deuil à la lumière de l'expérience universelle. L'ancienne Union soviétique a perdu près de vingt millions de personnes lors de la Seconde Guerre mondiale, auxquels il faut ajouter les millions que Staline avait exterminés dans les années 1930. Presque chaque famille avait été touchée par la mort. La peste noire de 1347 à 1350 a amputé l'Europe d'un quart de sa population. Des centaines de millions de personnes du Tiers-Monde vivent dans de telles privations qu'elles voient rarement la prospérité et n'en jouissent pratiquement jamais. Elles ne savent même pas ce qui leur manque. Des jeunes qui grandissent dans les quartiers défavorisés des grandes villes baignent tellement dans la violence et la toxicomanie qu'elles leur sont aussi naturelles que le sont les pelouses vertes et les gentils voisins pour la plupart des habitants des banlieues. Des millions de gens sont victimes de toutes sortes de mauvais traitements. « Pourquoi moi ? » ne semble pas être la bonne question à se poser. Quand on considère les conditions dans lesquelles vivent la plupart des gens, il est plus logique de se demander : « Pourquoi *pas* moi ? »

J'ai compris peu après l'accident que je venais d'être admis au sein de la communauté des gens qui souffrent, qui se répand dans le monde entier. Ma tragédie m'a fait découvrir un côté de la vie que la plupart des gens du monde ne connaissent que trop bien. Même maintenant, je suis indigne de faire partie de cette collectivité, compte tenu de la vie agréable que j'ai eu le privilège de connaître pendant tant d'années et que je continue de mener aujourd'hui. J'exerce encore beaucoup de maîtrise sur ma vie. J'ai des amis merveilleux. Je peux employer une bonne d'enfants à temps partiel. J'ai un emploi assuré avec un horaire flexible et de nombreux avantages. Je bénéficie d'un bel héritage dans lequel je peux puiser force et sagesse. L'accident était vraiment une interruption brève, quoique dramatique, d'une vie par ailleurs heureuse, sûre et prospère. Je suis encore un Blanc et un Américain ; j'appartiens encore à la classe moyenne, je suis encore aisé, j'ai encore un emploi, je suis encore bien installé dans la vie, encore aimé. Certains me considèrent même comme héroïque, ce que je trouve ironique puisque je n'ai fait que ce que les êtres humains de toute la terre ont fait pendant des siècles, à savoir tirer le meilleur d'une mauvaise passe. Alors, pourquoi *pas* moi ? Puis-je m'attendre à mener toute une vie exempte de désillusion et de souffrance, de perte et de douleur ? Cette idée me semble non seulement utopique, mais également arrogante. Que Dieu me préserve d'une vie aussi parfaite !

Pourquoi moi ? La plupart des gens souhaitent non seulement être aux commandes de leur vie, mais désirent que la vie soit juste. Il s'ensuit que lorsque nous subissons une perte, nous réclamons notre droit à la justice et nous en voulons aux circonstances qui nous en privent. Nous exigeons de vivre dans une société qui récompense la vertu et punit le vice, dans laquelle le travailleur acharné réussit et le paresseux échoue, dans laquelle le savoir-vivre gagne et la méchanceté perd. Nous nous sentons bafoués lorsque la vie ne se déroule pas ainsi, que nous sommes frappés par ce que nous ne méritons pas et privés de ce que nous estimons mériter.

Pas un seul instant j'ai pensé avoir obtenu ce que je méritais lors de l'accident. Je ne suis certes pas parfait et ne le serai jamais, mais je ne suis certainement pas pire – et peut-être même meilleur – que certains de ceux à qui tout sourit. L'explication selon laquelle les personnes souffrent ou prospèrent en fonction de leurs mérites est trop simple, car elle ne cadre pas avec l'expérience humaine. Je connais une mère de quatre enfants, une femme qui n'a pas encore quarante ans et dont le mari s'est tué dans un accident d'avion. Elle est la quintessence même de la gentillesse, de la bonté et de l'honnêteté, comme l'était son mari. Qu'a-t-elle donc fait pour mériter un pareil sort ? Et je connais une autre femme, proche des quatre-vingts ans, qui a négligé et maltraité ses trois enfants et divorcé d'avec deux hommes parce qu'elle s'était lassée d'eux ; elle boit comme un trou et fume comme une pompier. Elle jouit cependant d'une bonne santé et de sécurité financière, et elle a de nombreux amis. Qu'a-t-elle fait pour mériter de tels bienfaits ?

Huit mois après l'accident, le présumé conducteur de l'autre véhicule fut traduit devant la Cour fédérale sous quatre chefs d'accusation d'homicide involontaire coupable. Je fus assigné à comparaître en qualité de témoin à charge. Cela signifiait que je devais de nouveau faire face à l'homme que j'avais rencontré sur le bord de la route peu après l'accident. Je redoutais ce voyage à Boise où se tenait le procès. J'étais tellement crispé que j'en tombai malade. Je ne nourrissais aucune pensée de vengeance, mais je tenais tout de même à ce que l'homme que je considérais comme responsable de la mort de quatre personnes soit frappé d'une sanction juste pour le mal commis. À tout le moins, justice serait en partie rendue pour les souffrances qu'il avait causées.

La partie poursuivante était certaine de sa victoire tellement le cas était limpide. L'avocat de la défense fit cependant valoir que personne ne pouvait prouver que l'homme était au volant de la voiture au moment de l'accident puisque lui et sa femme avaient tous deux été éjectés du véhicule. C'était donc au poursuivant de prouver la culpabilité de l'homme. Un témoin déclara avoir vu l'accusé s'asseoir à la place du conducteur dix minutes avant l'accident. D'autres témoins ajoutèrent avoir entendu l'accusé admettre après l'accident qu'il était bien le conducteur de la voiture. L'avocat de la défense réussit toutefois à jeter un doute sur la validité de ces témoignages, si bien que son client fut acquitté.

À l'issue du procès, j'étais hors de moi. Le verdict me paraissait aussi injuste que l'accident lui-même. Le conducteur n'a pas eu ce qu'il méritait, pas plus que ses victimes d'ailleurs, qu'elles soient mortes ou vivantes. Cette parodie de jugement devint pour moi le symbole du caractère injuste de l'accident. Il me fallut combattre de toutes mes forces le cynisme qui me guettait.

Avec le temps, j'ai néanmoins commencé à m'interroger sur mon prétendu droit à une justice parfaitement équitable. Bien sûr, je ne méritais pas de perdre trois membres de ma famille. Je n'étais toutefois pas sûr non plus d'avoir mérité de les avoir d'abord eus. Lynda était une femme aux qualités exceptionnelles et elle m'avait prouvé son amour à des moments particulièrement difficiles. Ma mère avait mené une belle vie, avait servi les autres jusqu'à la fin et m'avait témoigné une rare sensibilité lorsque j'étais entré dans l'adolescence rebelle. Diana Jane débordait d'enthousiasme et de vivacité et avait contribué à remplir notre maison de bruit et d'excitation. Peut-être ne méritais-je pas leur mort ; mais je n'avais pas non plus mérité leur présence dans ma vie. À première vue, l'idée de vivre dans un monde parfaitement juste me séduit, mais à y réfléchir, je m'interroge. Il est vrai que dans un tel monde, je ne connaîtrais peut-être jamais la tragédie ; mais je ne connaîtrais pas non plus la grâce, en particulier la grâce que Dieu m'a faite dans la personne de trois êtres merveilleux que j'ai perdus.

Récemment, je me suis entretenu avec une femme dont la fille a eu un accident de voiture. Sa fille, qui conduisait le véhicule, a été gravement blessée, mais a survécu, tandis que sa passagère a perdu la vie. Cette femme se tourmente au sujet de sa fille qui se culpabilise alors qu'elle n'était pour rien dans l'accident. Curieusement, elle aussi se sent coupable. Elle ne comprend pas pourquoi sa fille a été épargnée alors que la fille d'une autre mère a été tuée. Elle m'a dit : « La victime n'était pas plus mauvaise que ma fille. Sa mère n'est pas une femme plus mauvaise que moi. Pourquoi, alors, sa fille a-t-elle péri dans l'accident ? Pourquoi sa mère doit-elle souffrir ? Ce n'est pas juste. C'est insensé. » Les deux mamans ont obtenu ce qu'elles *ne* méritaient *pas* : la fille de l'une a été tuée, celle de l'autre a eu la vie sauve. La mère de la survivante ne semble toutefois pas capable d'accepter la grâce qui a permis à sa fille de survivre. Elle se sent coupable parce qu'elle ne peut accepter une chose aussi imméritée. C'*est* effectivement aussi immérité que la mort de l'autre fille.

L'espoir de vivre dans un monde parfaitement juste soulève un problème de taille : la grâce ne peut s'y trouver, car la grâce n'existe *que si elle est imméritée*. Dans son roman *Les Misérables*, Victor Hugo raconte l'histoire de Jean Valjean, qui passa dix-neuf années en prison pour avoir volé un pain et tenté à plusieurs reprises de s'évader. La condamnation et la souffrance que ces gestes entraînèrent étaient imméritées et résultaient du fait de vivre dans une société injuste. Cette expérience fit de Jean Valjean un homme amer qui ruminait sa vengeance. Son amertume ne fit que croître à partir du moment où il commença à souffrir de l'ignominie qui frappait un ancien forçat dans la société française du dix-neuvième siècle, qui rejetait les gens peu fréquentables comme lui.

Un soir, désespéré, il avait trouvé asile chez l'évêque catholique qui l'avait traité avec une authentique bonté. L'ancien forçat n'y vit néanmoins qu'une occasion d'abuser du prélat. Au beau milieu de la nuit, il vola l'argenterie de son hôte, mais la police l'arrêta dès le lendemain matin. Lorsque les agents de la force publique le ramenèrent chez l'évêque pour qu'il identifie le voleur, ils furent surpris de voir l'évêque tendre à Jean Valjean deux chandeliers en argent et lui dire : « Je vous avais donné les chandeliers aussi, qui sont en argent comme le reste et dont vous pourrez bien avoir deux cents francs. Pourquoi ne les avez-vous pas emportés avec vos couverts ? » Une fois les gendarmes partis, l'évêque se tourna vers Valjean et lui déclara : « C'est votre âme que je vous achète ; [...] je la donne à Dieu. » Le geste de grâce de l'évêque supprima dès lors l'amertume de Valjean.

Le reste du roman montre l'efficacité d'une vie rachetée. Jean Valjean avait toutes les raisons de vivre de haine et d'abuser des gens et des situations, puisque le sort s'était si souvent acharné contre lui ; il choisit pourtant la voie de la miséricorde comme l'avait fait l'évêque. Il éleva une orpheline qu'une mère mourante avait confiée à ses soins, épargna la vie d'un inspecteur de police qui le pourchassait depuis quinze ans, et, au péril de sa propre vie, il sauva de la mort un jeune homme qui deviendrait ultérieurement son gendre. Il réalisa avec joie son destin, rendit le bien pour le mal partout où il passait et entra finalement au ciel.

Au début, Valjean cherchait à obtenir ce qu'il croyait mériter, et se mettait en colère chaque fois qu'il échouait. Après sa rencontre avec l'évêque compatissant, il changea toutefois d'attitude et devint un être altruiste. Il n'a jamais obtenu ce qu'il méritait. Sa vie fut à la fois misérable et bonne ; il n'avait pas mérité ses souffrances, pas plus que sa rédemption.

Comme Jean Valjean, je préfère vivre dans un univers où je reçois ce que je ne mérite pas, d'une manière comme de l'autre. Cela signifie que je connaîtrai la souffrance, comme je l'ai déjà fait, mais que j'obtiendrai aussi miséricorde. La vie finira bien plus mal que ce qu'elle aurait pu être autrement, mais elle s'achèvera aussi bien mieux. J'aurai à subir le mal que je ne mérite pas, et je jouirai aussi du bien que je ne mérite pas. Je redoute de passer par des souffrances imméritées, mais cela en vaut la peine si je peux goûter à la grâce imméritée.

Si j'ai appris quelque chose au cours des trois années écoulées, c'est que j'ai désespérément besoin et envie de la grâce de Dieu. La grâce m'a été communiquée par des moyens inespérés. Des amis m'ont témoigné leur fidélité et leur soutien malgré mes luttes. La sérénité, le contentement et la simplicité ont peu à peu trouvé une place au centre de mon âme, alors même que je n'ai jamais été aussi affairé. Je me couche le soir reconnaissant pour les événements de la journée que je m'efforce de repasser dans mon esprit et auxquels je tente de réfléchir jusqu'à ce que je m'endorme, et je me réveille le matin dans la joie de commencer une nouvelle journée. Ma vie est riche et féconde comme les terres agricoles de l'Iowa à la fin de l'été.

Mes enfants sont devenus une source constante de joie pour moi, malgré les exigences liées à mon rôle de père seul. Je consacre presque tous les jours quelques instants à les écouter jouer de leur instrument de musique, à jouer avec eux, à faire quelques lancers de panier, à parler de la journée et à leur lire des histoires à voix haute. À l'heure du coucher, je les suis dans leur chambre et je les borde. Et avant de me mettre au lit, je me glisse furtivement dans leurs chambres à coucher et demande à Dieu de faire reposer sa bénédiction sur eux, une pratique que j'ai apprise de Lynda. Cela fait maintenant quatre ans que j'entraîne l'équipe de football de David ; il m'arrive parfois d'emmener Catherine au restaurant ou à un concert. John, mon benjamin, est mon compagnon de tous les instants, si bien que des amis le considèrent comme mon clone ou mon ombre.

J'étais déjà chrétien bien des années avant l'accident, mais c'est depuis la tragédie que Dieu est devenu pour moi une réalité plus vivante que jamais. Ma confiance en Dieu est plus paisible et plus forte. Je n'éprouve aucun besoin d'impressionner Dieu ni de me faire valoir à ses yeux. Pourtant, je veux le servir de tout mon cœur et de toute ma force. Ma vie est remplie de ses bontés, même si je continue de sentir la douleur de la perte. La grâce me transforme, et c'est merveilleux. J'ai peu à peu appris où Dieu doit se trouver, et je lui ai permis d'occuper cette place – au centre de la vie plutôt qu'à sa périphérie.

Que Dieu nous dispense donc de mener une existence où tout serait juste et équitable ! Il est préférable de vivre dans un monde de grâce que dans un monde de justice et d'équité absolues. Un monde juste pourrait nous rendre la vie agréable dans la mesure où nous serions agréables. Nous pourrions obtenir ce que nous méritons, mais je me demande ce que cela représenterait et dans quelle mesure cela nous satisferait vraiment. Un monde rempli de grâce nous donnera davantage que ce que nous méritons. Il nous accordera la vie, même dans nos souffrances.

chapitre 10

Pardonner et se souvenir

*J'ai également découvert que la guérison du monde
ne dépend ni de notre pardon ni de notre bonté,
mais de ceux de Dieu. Quand il nous dit d'aimer nos
ennemis, il nous donne l'amour avec le commandement.*

Corrie ten Boom

L a perte tragique et catastrophique résulte souvent de méfaits.

Certaines personnes sont éprouvées par des pertes parce que d'autres personnes ont fait preuve de trahison, d'infidélité ou de brutalité à leur égard. Il y a quelques jours à peine, une jeune femme de Spokane fut enlevée, dépouillée et assassinée par deux adolescents qui jetèrent son corps sur le bord de la route comme s'il s'agissait d'une ordure avant de s'enfuir avec la voiture de leur victime. Après leur arrestation, un journaliste de la télévision les interrogea. Ils ne nièrent pas le crime, mais chacun accusa l'autre d'avoir appuyé sur la gâchette. L'un des accusés se permit même de ricaner devant la caméra et de déclarer en se vantant : « Je n'aime pas respecter les règles. J'aime faire ce que je veux. » Son impudence mit hors d'eux-mêmes la famille et les amis de la victime. Ils avaient perdu un être cher à cause du mal effroyable perpétré contre une personne innocente.

D'autres personnes souffrent de perte à cause d'erreurs que certains ont commises. La stupidité et l'incompétence peuvent entraîner autant de souffrance que la méchanceté et la brutalité. Un journal publia récemment une série d'articles sur un pilote de l'armée de l'air américaine passé en cour martiale pour avoir abattu en Iraq deux hélicoptères qui se révélèrent américains, qui transportaient du personnel américain. Tous les passagers perdirent la vie dans ce « tir ami » accidentel. Ce drame était la conséquence désastreuse de l'incompétence et de l'erreur. La semaine dernière, l'incendie d'une maison de Spokane coûta la vie à une fillette de neuf ans, prisonnière du sous-sol. Le feu avait été allumé par un garçon qui jouait avec un briquet. Sa stupidité entraîna la mort d'une enfant.

D'autres gens encore souffrent de pertes parce que quelqu'un médite méchamment de leur faire du mal sans se soucier des conséquences. Il y a quelques années, une vingtaine de personnes qui vivaient dans un petit village du Midwest américain perdirent toutes leurs économies parce qu'un ami, en qui ils avaient confiance et qu'ils avaient chargé de gérer leurs biens, les a escroqués et leur a fait tout perdre. J'ai reçu l'année dernière une carte de Noël et un cadeau d'une femme que son mari a abandonnée, qui se démène pour élever ses quatre jeunes enfants et joindre les deux bouts. Le mari en avait eu assez de la vie conjugale et parentale. Il soupirait après la liberté, et il s'est dégagé de ses devoirs. Elle et les enfants luttent parce que le désir d'indépendance du mari et père lui importait plus que leur sécurité et leur bonheur. Il *a choisi* le divorce ; celui-ci n'a pas été le résultat du hasard.

Toutes ces pertes ne sont pas fortuites comme un accident survenu par hasard ou une catastrophe naturelle. Elles sont la conséquence de comportements méchants, stupides ou incompétents de personnes qui auraient pu et dû se conduire autrement. Des médecins commettent des erreurs, des investisseurs cèdent à la cupidité, des voisins exploitent, des proches abusent, des étrangers volent et assassinent, des chauffards ivres roulent trop vite et tuent. Des personnes font des choix destructeurs qui ont des conséquences dévastatrices pour les autres et elles-mêmes.

La plupart des victimes de tels méfaits tiennent à ce que justice soit faite après leurs pertes, et avec raison. Elles savent intuitivement que l'univers obéit à un ordre moral. La violation de cet ordre moral réclame justice. Sans elle, les fondements de l'ordre moral sont sapés, le bien et le mal n'ont plus de sens, et les gens peuvent faire ce qu'ils veulent. Tout devient possible et permis. Ceux qui ont souffert de pertes reculent devant une telle idée. Ils sont devenus les victimes du mal commis par quelqu'un. Leurs pertes imméritées et irréversibles leur rappellent chaque jour qu'ils ont subi des torts, que ceux-ci doivent être réparés, qu'une sanction doit être infligée aux coupables et une restitution proposée aux victimes, qu'il faut redresser la situation.

Après l'accident, je n'ai nullement douté que ma famille et moi, nous venions de subir un méfait considérable. En route vers l'hôpital, je ne cessai de demander : « Comment ce conducteur a-t-il pu commettre une chose pareille ? » Quelques jours après l'accident, j'ai été contacté par la police de l'Idaho et, plus tard, par le procureur fédéral. Au terme de ses entretiens et de son enquête, le procureur de l'État estima que son bureau disposait d'assez de preuves pour faire condamner le conducteur accusé. Tous ceux qui travaillaient à ce dossier étaient sûrs que le présumé conducteur de l'autre véhicule était coupable. Il se révéla que cette assurance les avait rendus trop confiants quant à l'issue du procès. Du coup, ils ne prirent pas l'enquête suffisamment au sérieux et ne présentèrent pas un dossier aboutissant à la condamnation certaine du présumé coupable. La confiance a remplacé la compétence. Comme je l'ai déjà indiqué, au procès qui se tint huit mois plus tard, la partie poursuivante ne réussit pas à contrer les arguments adroitement développés par la défense de l'accusé. En fin de compte, tout portait à croire que la justice n'avait pas eu gain de cause.

Je ne pensais pas que la condamnation du présumé coupable s'obtiendrait facilement, ni même qu'elle était nécessaire à ma guérison. Je n'avais pas besoin que le conducteur de l'autre véhicule soit condamné, même si je le souhaitais. Je savais que notre système judiciaire a des lacunes. Il arrive que l'innocent soit condamné et le coupable, acquitté. Je m'efforçai de prendre mes distances avec le procès pour que mon sentiment de bien-être ne dépende pas de son issue. Je n'étais cependant pas préparé à encaisser le dépit ressenti à l'acquittement de l'accusé.

Au cours des mois qui suivirent le procès, j'ai souvent pensé au conducteur de l'autre véhicule. Je m'imaginais lire des articles de journaux signalant sa mort atroce ou une condamnation à la prison à vie pour un crime commis. Je voulais le voir souffrir et payer pour le mal qu'il avait commis à mon sens. J'ai même rêvé d'être impliqué dans un autre accident de la circulation avec lui. Sa voiture avait heurté la mienne. Sa faute était indéniable, comme elle l'était la première fois selon moi. Cette fois-ci, cependant, des centaines de personnes présentes lors de l'accident s'étaient présentées pour témoigner contre lui.

Je me rendis compte que cette préoccupation m'empoisonnait. Je compris que je réclamais davantage que la justice. Je cherchais à me *venger*. Je m'étais mis à nourrir de la haine dans mon cœur. J'étais en train de devenir une personne qui refuse de pardonner ; je me servais de ce qui semblait être une erreur judiciaire pour justifier mon refus de pardonner. Je voulais punir le malfaiteur et être quitte avec lui. L'idée même du pardon me répugnait. À ce moment-là, j'ai compris que je devais pardonner. Si je ne le faisais pas, je serais consumé par ma propre dureté de cœur.

La justice n'est pas toujours rendue. Des gens mauvais s'en tirent même après avoir accompli des actes répréhensibles. Elle n'attrape pas tous les violeurs et ne les condamne pas tous ; des parents violents obligent sous la menace leurs enfants à garder le silence, des époux infidèles retrouvent le bonheur après le divorce, et des gens cupides plongent des personnes honnêtes dans la faillite ou ruinent leur réputation. Si nous insistons pour rendre la vie juste, nous serons déçus. Des gens nous tromperont et refuseront de nous dédommager. Le système judiciaire nous décevra et résistera efficacement aux efforts déployés pour le réformer. Que faire alors ?

Certes, la justice n'est pas toujours prise en défaut. Elle fait souvent bien son travail et punit les malfaiteurs. Curieusement, même quand la justice l'emporte, les victimes ne sont pas toujours satisfaites. Une conclusion juste qui met fin à une terrible injustice peut entraîner déception et dépression, parce que les victimes souhaitent parfois obtenir plus que la justice. Elles voudraient que le malfaiteur souffre autant qu'elles, de la même manière qu'elles et aussi longtemps qu'elles. Un verdict juste leur rappelle simplement qu'aucune condamnation, aussi sévère soit-elle, ne pourra compenser leur perte et assouvir leur soif de vengeance. Elles voudraient faire souffrir la personne qui leur a fait mal. L'envie de vengeance est donc un puits sans fond. Elle ne peut être comblée, quelle que soit la vengeance exercée.

Le vrai problème n'est donc pas l'esprit de vengeance lui-même, mais le *cœur impitoyable* qui l'abrite. Le refus de pardonner est comme un feu qui couve dans les entrailles, comme de la fumée qui étouffe l'âme. Il est destructeur parce qu'il est insidieux. Il se manifeste occasionnellement sous la forme d'une dénonciation amère ou d'explosions de colère. Le plus souvent, il se contente de couver sous les braises où il passe inaperçu, accomplissant calmement son œuvre mortelle.

Il ne faut pas assimiler le refus de pardonner à une réaction saine devant la perte. Notre quête de justice traduit notre croyance dans la nature morale de l'univers. Lorsqu'un mal est commis, nous estimons que le malfaiteur doit être puni. La colère, elle, est la réaction émotionnelle légitime à la souffrance. Lorsque quelqu'un nous a fait du mal, nous sommes enclins à lui rendre le mal et à le faire souffrir. Et le chagrin est la condition qui emboîte naturellement le pas à la perte. Lorsque nous ressentons l'absence de la personne ou de l'objet perdu, notre âme crie sa détresse. Toutes ces réactions indiquent qu'une personne normale vient de subir une perte et qu'elle est engagée dans le processus sain, bien que douloureux, de la guérison.

Le refus de pardonner se différencie de la colère, du chagrin ou du désir de justice. Il est aussi désastreux qu'un fléau. Le refus de pardonner a causé plus de destruction que ne l'a fait tout le mal du monde. Cette destruction peut se produire sur une vaste échelle comme on peut le voir en Irlande du Nord et au Moyen-Orient. On la constate aussi sur une échelle plus réduite dans la rivalité entre les gangs, les querelles familiales et les disputes entre d'anciens amis. Au nom de la rancune, des gens sont capables des pires atrocités.

La rancune se sert de la victimisation comme excuse. Les gens rancuniers sont obsédés par le mal subi et sont prompts à dire : « Vous ne pouvez pas savoir à quel point ma souffrance est insupportable ! Nous n'avez pas idée à quel point telle personne m'a blessé ! » C'est vrai. Personne ne peut le savoir. Mais je me demande parfois s'il vaut la peine d'en arriver là pour avoir raison. Vaut-il la peine de causer tant de misère pour cela ? De vivre asservi à la rancune et de déclencher un tel cycle de destruction ?

Des signes visibles de comportement révèlent le cœur rancunier ; ces signes nous font prendre conscience du problème et nous avertissent qu'il se passe quelque chose de mauvais dans notre âme. Les gens rancuniers sont prompts à faire valoir leurs droits. Ils sont très sensibles aux torts qu'ils ont subis, même s'ils sont insignifiants ; c'est comme si tous leurs nerfs avaient été mis à nu. Le mal qui leur a été fait dans le passé les obsède, et ils sont convaincus que leurs circonstances sont pires que celles de n'importe qui. Ils éprouvent même un certain plaisir à être victimes. Ils jouissent de leur misère, car elle leur donne le sentiment d'exercer un certain pouvoir sur leurs ennemis qu'ils accusent de leurs difficultés, ainsi que sur leurs amis à qui ils se plaignent et de qui ils attendent compassion et compréhension.

La plupart de ceux qui ont subi une perte sont tentés par le refus de pardonner. Je pense à Glen, contraint par l'échec de son mariage à décider s'il allait à jamais rester prisonnier de son passé ou s'il allait apprendre à pardonner le tort qui lui avait été infligé. Avant de me raconter son histoire, Glen a pris soin de préciser qu'il s'agissait de *son* histoire, racontée de *son* point de vue. Il ne voulait pas donner l'impression qu'elle ne comportait pas d'autres aspects.

Glen commença par me raconter son lointain passé. Il s'était marié jeune à Nancy, peu après qu'ils se soient tous deux convertis à la foi chrétienne. Ils étaient issus d'arrière-plans perturbés. Après leur mariage, Glen décida de s'inscrire dans une école biblique en vue du ministère. Nancy le suivit fidèlement. Pendant cette période de formation, ils eurent deux enfants, s'engagèrent dans une Église et tissèrent de nombreux liens d'amitié.

Nancy commençait toutefois à s'impatienter à la maison et voulut travailler au dehors. Elle trouva un emploi dans les bureaux de la rédaction d'un journal. Glen eut vite vent des rumeurs qui circulaient à propos du comportement équivoque de sa femme. Sa surprise fut grande lorsqu'elle invita un collègue masculin à souper, qui commença par la suite à combler Nancy de cadeaux et à lui témoigner une attention croissante. Avec l'apparition d'autres signes alarmants, Glen devint de plus en plus méfiant.

Quelques mois plus tard, Nancy déclara à Glen qu'un ami proche, habitant une autre ville, venait de décéder subitement et qu'elle désirait se rendre aux obsèques qui avaient lieu dans trois jours. Ce jour-là, en quittant son travail, elle ne rentra pas à la maison ; elle disparut sans laisser de trace. Au troisième jour de sa disparition, Glen était dans tous ses états. Il téléphona à la mère de Nancy qui lui répondit qu'elle ne connaissait pas du tout l'ami dont Nancy avait parlé. Glen appela alors le bureau du journal. Le chef lui dit que Nancy n'avait pas manqué une seule journée de travail.

Nancy revint finalement à la maison six jours plus tard. Elle informa son mari qu'elle voulait divorcer et que s'il refusait, elle lui mènerait la vie tellement dure qu'il la haïrait. Elle ajouta qu'il ne devait pas craindre de perdre *toute* la famille : « Ne t'inquiète pas, lui dit-elle, je ne prendrai pas les enfants. »

Glen tenta de la calmer. Il suggéra un déménagement pour recommencer leur vie ailleurs. Il se demandait si Nancy avait besoin d'espace et de liberté. Elle accepta de ne pas demander immédiatement le divorce. Elle trouva un appartement où elle pouvait vivre seule pendant quelque temps. Un mois plus tard, Glen découvrit qu'elle vivait avec un autre homme. Ce fut le coup de grâce pour lui. Il rassembla les affaires de la famille, prit les enfants avec lui et retourna dans sa ville natale.

Il conservait toutefois une lueur d'espoir. Juste avant de partir, Glen avait accordé à Nancy un délai de six mois pour réfléchir. Quand ils se retrouvèrent six mois plus tard, il lui demanda : « Reviens-tu à la maison ? » Elle répondit par un simple : « Non ». À ce moment-là, Glen n'avait plus l'énergie de se battre, et aucune raison d'espérer. Il consentit au divorce.

Au début, l'idée de pardonner à Nancy ne l'effleura même pas. Il était écrasé sous le poids du chagrin. Trois expériences le forcèrent néanmoins à affronter le tort subi, son amertume et son besoin de pardonner. Tout d'abord, il éprouva une honte inexprimable en revenant dans la ville de son enfance. Trois ans plus tôt, il avait quitté son Église en héros. Il avait vécu là une expérience fantastique : le trouble-fête qu'il avait été s'était transformé en saint, puis en pasteur. Lors de son retour, il se sentit incapable de rencontrer les gens qui, pleins d'espoir, l'avaient envoyé à l'école biblique. Il évita donc tout le monde, même ses amis intimes.

Ensuite, vint le moment où Glen dut envoyer ses enfants voir leur mère après une année de séparation. Le tribunal avait confié à Glen la garde des enfants et à Nancy, le droit de visite. On lui permettait d'avoir les enfants un mois pendant l'été. Glen avait trouvé cet accord assez raisonnable jusqu'au moment où il lui fallut les laisser partir. Il se rappela la promesse de Nancy : « Je ne prendrai jamais les enfants. » Et voilà qu'elle les lui prenait. Il était malheureux, et ses enfants aussi. Il se sentait coupable d'exposer ses enfants à un style de vie qu'il estimait répréhensible. C'est pendant ce mois où les enfants étaient loin de lui que le désir lui vint de punir Nancy pour la souffrance qu'elle avait introduite dans sa vie.

Ce fut la troisième expérience qui le contraignit toutefois à aborder sérieusement sa rancune. Glen se considérait comme un homme spirituel qui avait correctement répondu à l'infidélité de sa femme et à sa demande de divorce. Certains de ses amis ne voyaient cependant pas la chose de la même manière. Finalement, un ami pasteur vint le trouver pour lui faire remarquer qu'il repoussait les gens, qu'il adoptait une attitude négative, surtout lorsqu'il parlait de Nancy, et qu'il commençait à se conduire en victime. Cette seule conversation, bien que pénible, ouvrit les yeux de Glen sur ce qui se passait dans son âme. Il procéda à un examen de la situation et se rendit compte du mal qu'il se faisait à lui-même, à ses enfants et à ses amis. Il lutta avec Dieu. En fin de compte, il prit la décision de pardonner.

Le pardon ne lui vint ni facilement ni rapidement. Comme le reconnaît Glen maintenant, accorder le pardon est le terme d'un processus. Il avait le désir de pardonner, mais il s'écoula du temps avant qu'il puisse pardonner réellement. La première étape consistait à déterminer en quoi Nancy lui avait causé du tort. Il devait la tenir responsable d'avoir violé son engagement et manqué à ses devoirs d'épouse et de mère. Il devait également voir à quel point il était devenu lui-même négatif. Il prit conscience de l'amertume qui s'était enracinée dans son âme, et il voulut la déraciner. Il s'efforça ainsi de changer d'attitude et de comportement, et il y réussit avec l'aide de Dieu. Il commença à faire des remarques élogieuses sur son ancien mariage. Plus tard, il se mit à dire du bien de Nancy telle qu'elle était et non telle qu'elle avait été ou telle qu'il voulait qu'elle soit. En fin de compte, il lui souhaita tout le bien possible et, ce faisant, il découvrit qu'il se sentait bien lui-même. Il m'exprima cette réalité dans ces mots : « Ma vie a été rétablie. »

Glen avait découvert que la rancune ne fait que prolonger le cycle de destruction qui débute avec le mal commis initialement. Elle ne met pas fin à la douleur. Elle la répand. Elle plonge les autres dans la misère, comme les amis de Glen le lui indiquèrent. Elle pourrit les relations par ses jérémiades, son amertume, son égoïsme et son esprit vindicatif. Celui qui refuse de pardonner se rend plus malheureux que les autres parce qu'il est obligé de vivre avec les conséquences empoisonnées de sa rancune. Les gens rancuniers trouvent toujours le moyen de justifier leur attitude, et cela se comprend. En effet, selon eux, personne ne peut prendre la mesure de leur souffrance et personne ne peut les en délivrer. Les gens impitoyables ne comprennent cependant pas non plus la souffrance que leur rancune inflige aux autres.

Le désir de pardonner commence lorsque les victimes de pertes se rendent compte que rien – ni la justice, ni la vengeance, ni quoi que ce soit – ne peut changer le mal subi. Le pardon n'épargne pas les victimes des conséquences de la perte et ne leur restitue pas la vie qu'elles avaient autrefois. Les victimes n'ont aucun pouvoir de changer le passé. Personne ne peut ramener les morts à la vie, supprimer l'horreur d'un viol ou rendre l'argent dilapidé dans des investissements douteux. Dans le cas de pertes catastrophiques, ce qui s'est passé est définitivement révolu. Il n'y a aucun espoir de retour.

On peut toutefois aller de l'avant. Les victimes peuvent choisir la vie plutôt que la mort. Elles peuvent décider de mettre fin au cycle de la destruction et, dans le sillon creusé par le mal subi, elles peuvent décider de faire ce qui est bien. Pardonner, c'est choisir la voie du bien. Le pardon guérit au lieu de blesser, renoue des relations brisées et met de l'amour là où il y avait de la haine. Bien que le pardon semble aller à l'encontre de ce qui est juste et équitable, les gens qui pardonnent déclarent en somme qu'elles préfèrent vivre dans un univers de miséricorde plutôt que dans un univers de justice, aussi bien dans leur intérêt que dans celui d'autrui. La vie est déjà assez difficile ; ils décident donc de ne pas la rendre encore plus pénible.

Le chagrin de mes enfants me rappelait chaque jour qu'ils avaient eu leur lot de souffrance. Je ne voulais pas les voir souffrir davantage. Or, j'ai pris conscience que mon refus de pardonner ne ferait que prolonger leur peine. Je savais qu'ils m'observaient, consciemment ou inconsciemment, pour voir comment j'allais réagir au mal qui nous avait été infligé. Si je persistais dans la rancune, ils deviendraient vraisemblablement rancuniers eux aussi. Si je faisais une montagne du mal perpétré contre nous, ils feraient de même. Si je me conduisais en victime le restant de mes jours, ils m'imiteraient très certainement. Si je bannissais toute compassion de mon cœur, ils suivraient probablement mon exemple. Eux aussi réclameraient à cor et à cri que justice leur soit rendue et, quand ils n'obtiendraient pas satisfaction – ce qui devait arriver –, ils chercheraient à se venger. Je ne voulais pas d'un tel fléau chez moi ; je ne tenais pas à élever des enfants amers. En conséquence, j'ai décidé de pardonner, dans leur intérêt et dans le mien.

Je connais beaucoup de personnes qui ont décidé de pardonner à leurs malfaiteurs pour des raisons semblables. Comme moi, Glen voulut protéger ses enfants. Il voulut s'affranchir de l'amertume pour être libre de saisir les nouvelles occasions qui s'offriraient à lui. Des années après son divorce, il rencontra Becky. Il la voyait souvent, car elle était l'institutrice de première année de ses deux enfants. À la longue, il s'intéressa à elle et en tomba amoureux. Peu de temps après, ils se marièrent. Il était devenu libre d'aimer parce qu'il avait su pardonner. La profondeur de leur relation démontre à l'évidence la profondeur de sa guérison. Récemment, j'ai lu l'histoire d'une femme qui a commencé à visiter en prison l'homme qui avait assassiné son fils et qui est condamné à la prison à vie pour ce crime. Elle aussi a décidé de briser le cycle de la revanche et de faire de sa vie une force du bien.

Le pardon est toutefois coûteux. Les gens qui pardonnent doivent renoncer au droit de se venger, un droit qu'il n'est pas facile d'abandonner. Ils doivent faire preuve de compassion alors que leurs sentiments leur dictent de punir. Ce n'est pas que le désir de justice soit mauvais. On peut pardonner tout en défendant la justice. Le mal pardonné reste mal et doit être sanctionné. La miséricorde ne supprime pas la justice, elle la transcende.

Aussi difficile qu'il soit, en fin de compte, le pardon procure la liberté à celui qui l'accorde. Les gens qui pardonnent abandonnent à Dieu le soin de gouverner l'univers, punir comme il l'entend les méchants et les malfaiteurs et manifester sa compassion également comme il l'entend. C'est ce que Job et Joseph ont compris, comme nous l'avons constaté. C'est également ce que Jésus a décidé de faire, comme le démontre de façon éloquente le pardon qu'il a accordé à ses accusateurs et à ses bourreaux en mourant sur la croix.

Je pense que j'ai été gardé d'un désir excessif de vengeance parce que je crois que Dieu est juste même si le système judiciaire humain ne l'est pas. En fin de compte, toute créature humaine se tiendra devant Dieu qui la jugera en toute sagesse et impartialité. Les systèmes humains peuvent être défectueux, pas la justice de Dieu. Je crois aussi que Dieu est miséricordieux, bien au-delà de ce que nous pouvons imaginer, ou nous représenter. C'est la tension entre sa compassion et sa justice qui permet à Dieu de s'occuper des gens qui font du mal. Il est capable de punir sans détruire et de pardonner sans approuver.

C'est pourquoi les gens qui pardonnent considèrent qu'ils jouent un rôle modeste dans la vie. Ils laissent Dieu être Dieu et se conduisent eux-mêmes en gens normaux et heureux qui apprennent à pardonner. Au lieu de penser qu'ils doivent à tout prix obtenir réparation en se vengeant, s'assurer que la justice l'emporte et punir tous les méfaits, ils décident simplement de vivre de façon aussi responsable et humble qu'ils le peuvent. Ils s'efforcent de communiquer un peu de grâce aux personnes dans le besoin, dont la plupart sont aussi brisées qu'eux-mêmes, et de faire ce qui est juste et bien devant tant de mal. Environ un an après l'accident, l'idée m'est venue à l'esprit que je ne voudrais changer de place pour rien au monde avec le présumé conducteur de l'autre véhicule ; je m'imaginais qu'il devait être soit rongé par le remords, soit endurci et imperméable à toute émotion. Mon chagrin était suffisamment lourd à porter comme cela. Je ne pouvais pas imaginer d'éprouver un sentiment de culpabilité en plus. Pourtant, l'absence de tout sentiment correspond à un état encore pire que la tristesse ou le remords, car elle signifie que l'âme est morte.

Les personnes qui pardonnent souhaitent le triomphe de la grâce de Dieu. Elles aspirent à ce que le monde soit guéri de ses souffrances et délivré du mal qui menace à chaque instant de le détruire complètement, en particulier du mal qui menace de détruire leur propre âme. Si la guérison exige le pardon, elles sont disposées à pardonner. Elles savent que la rancune rend l'âme de plus en plus malade. Cette sorte de maladie chronique ne fait qu'augmenter le prix qu'il faudra payer pour retrouver la santé.

Le refus de pardonner rend la personne malade en projetant jour après jour dans l'âme la même scène de souffrance, comme une vidéo qui tourne en permanence. Chaque fois que la scène est rejouée, la victime revit la douleur et cède de nouveau à la colère et à l'amertume. Cette répétition souille l'âme. Le pardon passe par le refus de regarder la vidéo et la décision de la remettre sur l'étagère. La perte douloureuse nous revient à la mémoire et nous repensons à celui qui en porte la responsabilité. Mais nous ne la repassons pas sans cesse devant nos yeux. Nous préférons regarder d'autres vidéos qui nous procurent la guérison. De cette manière, le pardon ne libère pas seulement l'offenseur de sa culpabilité, il guérit aussi le mal dont notre âme souffre.

Le pardon se produit rarement de façon instantanée. Il fallut du temps à Glen pour pardonner. Il en fut de même pour moi. Le pardon est davantage un processus qu'une décision ponctuelle, davantage un mouvement dans l'âme qu'une action superficielle qui nous ferait dire : « Je te pardonne. » Dans un sens, le pardon est un processus qui dure toute la vie, car les victimes d'un mal catastrophique peuvent passer toute leur vie à découvrir les nombreuses dimensions de leur perte. Je ne cultive pas l'idée d'avoir enfin et pour toujours pardonné à celui qui porte la responsabilité de l'accident. J'aurai peut-être à lui pardonner plusieurs fois et en de nombreuses occasions, comme au mariage de mes enfants ou à la naissance de mes petits-enfants. En effet, ces événements me rappelleront non seulement les précieux cadeaux qu'ils me procurent, mais également les merveilleux êtres qui m'ont été ravis.

Si le pardon n'a pas de fin, il a en revanche un commencement. Il commence à partir du moment où les victimes définissent le tort qui leur a été infligé et ressentent la colère qui monte naturellement dans leur âme. Elles se rendent compte que ce qui leur est arrivé est inexcusable et n'aurait pas dû se produire. Autrement dit, avant que les victimes puissent offrir le pardon, elles doivent réclamer justice. Avant de pardonner, elles doivent accuser.

Ne pas tenir les malfaiteurs responsables de leurs mauvaises actions, c'est leur faire un affront, les réduire à quelque chose de moins qu'humain, car l'une des caractéristiques essentielles de l'être humain consiste à reconnaître ce qui est bien et mal et ce qu'est la responsabilité, qu'il choisisse de l'assumer ou non. Nous n'avons pas à pardonner à des animaux qui tuent d'autres animaux par instinct et pour se nourrir. Nous devons cependant pardonner à des êtres humains d'avoir tué de leurs semblables parce qu'ils l'ont fait en connaissance de cause. Refuser de prendre en compte le mal commis par un individu sous prétexte qu'il ignorait que c'était mal, qu'il était malade ou qu'il venait d'un milieu défavorisé, c'est faire violence à son humanité. Le point de départ du pardon consiste donc à reconnaître que la ou les personnes qui ont commis le mal avaient tort. Elles ont agi en connaissance de cause et auraient pu – et même dû – agir autrement.

Le pardon a aussi ses limites. Il ne peut pas tout faire pour rendre la vie parfaite. Ce pouvoir n'appartient qu'à Dieu. Il ne peut absoudre le coupable de sa faute, supprimer les conséquences naturelles qu'entraîne le mal commis (par exemple l'emprisonnement), ni mettre le malfaiteur en règle avec Dieu ou la société. Il a pourtant le pouvoir d'annuler les conséquences du mal dans la relation entre l'auteur du mal et sa victime. Les victimes qui pardonnent renoncent à leur droit de châtier et souhaitent même le bien à ceux qui leur ont fait du tort, par exemple un remariage heureux après un divorce, une vie nouvelle après une incarcération ou une nouvelle relation avec Dieu. La personne qui pardonne espère sincèrement que celui qui lui a fait du tort connaisse une vie agréable, une vie remplie de la miséricorde de Dieu.

Pardonner, ce n'est pas oublier. Non seulement l'oubli est impossible pour la grande majorité des gens, compte tenu de l'énormité de leur souffrance, mais de plus, il est malsain. Notre souvenir du passé n'est pas neutre. Il peut nous empoisonner ou nous guérir, *selon* le souvenir que nous en gardons. Le souvenir du mal subi peut nous rendre prisonniers de la douleur et de la haine, ou, au contraire, faire de nous des bénéficiaires de la grâce, de l'amour et du pouvoir curatif de Dieu. Point n'est besoin que l'expérience de l'événement douloureux se dresse comme un monument qui domine le paysage de notre vie. La perte peut aussi nous laisser le souvenir d'une histoire merveilleuse. Elle peut agir comme un catalyseur qui nous pousse dans une nouvelle direction, comme une rue barrée qui nous oblige à la contourner pour trouver une autre voie vers notre destination. Qui sait ce que nous allons découvrir et voir le long du chemin ?

La souffrance que mes enfants, ma famille, mes amis et moi-même avons endurée fait partie d'une histoire continue qui est en train de s'écrire. Je continue de me rappeler l'accident. Qui pourrait en oublier l'horreur ? Mais je me rappelle également tout ce qui est arrivé depuis. Qui voudrait en oublier l'aspect merveilleux ? Ma mémoire est devenue une source de guérison pour moi. Elle me rappelle la perte subie, mais elle me dit aussi que cette perte n'est pas tout simplement la fin de quelque chose de bon ; elle marque aussi le commencement d'autre chose. Et cette chose s'est révélée bonne, elle aussi.

Tout compte fait, je me demande s'il est possible de pardonner au malfaiteur si on ne fait pas d'abord confiance à Dieu. La foi nous permet de considérer le mal à la lumière de la souveraineté de Dieu. Bien que j'aie été autrefois tenté par le refus de pardonner (et cela peut encore m'arriver à l'avenir), ce n'était pas une tentation insurmontable. Je savais que Dieu était aux commandes. Si j'avais besoin de m'adresser à quelqu'un pour obtenir de l'aide, c'était bien à lui. Si j'avais des reproches à faire à quelqu'un, c'était également à lui. Ma croyance en sa souveraineté n'a pas toujours été une consolation pour moi, comme nous le verrons au chapitre suivant. Elle m'a pourtant permis de moins focaliser mon attention sur les gens, malgré l'atrocité de leur méfait, et davantage sur Dieu. Je l'ai tenu responsable de toutes mes circonstances. J'ai placé ma confiance en lui et je me suis disputé avec lui. À tous égards, Dieu a joué le rôle clé dans mon drame.

La foi modifie aussi notre attitude à l'égard des gens qui nous ont fait du mal, car elle nous oblige à examiner leur méfait à la lumière du nôtre. La connaissance de Dieu nourrit notre connaissance de nous-mêmes. Nous apprenons que nous portons l'image de Dieu, mais nous découvrons aussi que nous sommes pécheurs. Et les pécheurs ont besoin du pardon de Dieu. Jésus dit un jour que celui à qui on a beaucoup pardonné aime beaucoup. L'obtention du pardon nous incite à pardonner. À partir du moment où nous nous découvrons comme ayant besoin de la compassion de Dieu, nous sommes plus disposés à faire preuve de compassion envers les autres.

En regardant en arrière, je m'aperçois que, peu importe la direction vers laquelle je me suis tourné après ma perte, Dieu y était toujours. J'ai frissonné devant le caractère aléatoire de ma souffrance. J'ai demandé : « Pourquoi moi ? » J'ai lutté contre ma rancune. Les questions que je me suis posées, les tentations auxquelles j'ai été exposé, la vengeance que j'ai voulu exercer, le désarroi que j'ai ressenti et la douleur qui me tenaillait, tout me poussait inexorablement vers Dieu. Si Dieu était réellement Dieu, où était-il quand la tragédie s'était produite ? Pourquoi n'avait-il rien fait ? Comment avait-il pu permettre qu'une épreuve aussi terrible me frappe ? Bref, ma souffrance m'obligea à repenser la question de la souveraineté de Dieu.

chapitre 11

L'absence de Dieu

De Dieu il est dit que personne ne peut voir sa face et vivre. Pour moi, cette déclaration a toujours signifié que personne ne pouvait supporter l'éclat de sa splendeur et vivre. Quelqu'un a suggéré une autre interprétation : personne ne peut voir la tristesse de Dieu et vivre. À moins que Dieu soit justement glorieux dans sa souffrance.

Nicholas Wolterstorff,
Requiem pour un fils

Dans ma vie, j'ai connu quelques situations où je l'ai échappé belle. L'une d'entre elles s'est particulièrement gravée dans ma mémoire. J'avais douze ans, et ma famille et moi passions nos vacances d'été dans une caravane près de Holland, dans le Michigan. Nos voisins étaient des amis proches. Ils avaient un fils de dix-huit ans, Dave, juste un an plus âgé que ma sœur. Un après-midi, Dave m'a invité à faire une randonnée avec deux de ses amis pour aller chercher deux de leurs sœurs qui faisaient du cheval. J'avais évidemment une folle envie de les accompagner. Quel garçon de mon âge n'aurait pas voulu faire une virée avec des adolescents ? Mais mon père et ma mère étaient en train de se disputer lorsque je leur ai demandé la permission de me joindre à ce groupe. Mon père coupa court à ma requête en me répondant « non » d'une manière qui n'admettait aucune réplique. Moins d'une heure après, les cinq jeunes perdaient la vie dans un grave accident.

Je n'étais que moyennement religieux à cette époque. Je me souviens pourtant d'avoir été à la fois effrayé et soulagé que Dieu m'ait épargné une mort horrible et prématurée, effrayé d'avoir frôlé la mort et soulagé parce que dans sa souveraineté, Dieu avait préservé ma vie. J'étais sans doute trop jeune et trop égocentrique pour jeter sur cet événement le même regard que les victimes atteintes par ces pertes. Si Dieu m'avait épargné, cela signifiait-il qu'il avait tué les autres ? Si je m'étais trouvé du côté des gagnants de la souveraineté de Dieu, cela signifiait-il que les autres s'étaient trouvés du côté des perdants ?

Je crois toujours que Dieu exerce sa souveraineté sur le temps, l'espace et la création. Il a la maîtrise absolue de tout ce qui se passe. Le mot hébreu transcrit par Yahweh, le nom divin, peut se traduire par « Je suis qui je suis », ce qui veut dire que Dieu est celui qui existe réellement, qu'il est la réalité suprême, qu'il est souverain. Dieu possède une autorité complète sur l'univers.

La souveraineté de Dieu peut découler logiquement de son essence. Elle peut aussi résulter de notre expérience de Dieu comme étant celui qui nous épargne et nous bénit. Pourtant, cette expérience positive de la souveraineté divine peut connaître un arrêt brusque au moment où une grande perte nous frappe. Dans une telle situation, comment concilier la souveraineté de Dieu et la souffrance humaine, ou la maîtrise divine absolue et notre douleur, surtout si nous croyons fermement que Dieu est à la fois bon et puissant ?

Cette question nous amène au problème perpétuel de la théodicée, c'est-à-dire l'effort humain pour concilier la contradiction apparente entre l'expérience de la souffrance et l'existence d'un Dieu bon et puissant. Il semble y avoir deux réponses : soit Dieu est puissant, mais pas bon, et par conséquent un Dieu cruel qui fait souffrir ; soit Dieu est bon, mais pas puissant, donc un Dieu faible qui ne peut empêcher la souffrance, malgré son désir. Les deux solutions soulèvent des problèmes parce qu'elles semblent saper les fondements de ce que nous *voulons* croire concernant Dieu, à savoir qu'il est à la fois puissant *et* bon.

Après l'accident, j'ai évité de songer à la souveraineté de Dieu. La simple idée que le Dieu en qui j'avais pendant tant d'années placé ma confiance et que je m'efforçais de suivre ait pu permettre, voire provoquer, une telle tragédie m'était impensable, aussi répugnante pour mes sentiments religieux que la mort de mes bien-aimés l'avait été pour mes sentiments humains. Avec le temps, j'ai compris que la trajectoire de mon chagrin allait entraîner ma collision avec Dieu et que, tôt ou tard, il me faudrait aborder cette question des plus complexes. Je savais que je devais accepter la souveraineté de Dieu, rejeter Dieu complètement ou me forger un Dieu inférieur qui n'avait pas le pouvoir ni le désir d'empêcher l'accident.

Ma perte me fit voir Dieu comme terrifiant et insondable. Pendant un temps assez long, j'ai eu de sa souveraineté l'image d'une haute falaise glaciale, froide et balayée par le vent. Dans ma misère, je me tenais au pied de cette falaise, le regard levé vers son sommet rébarbatif et impossible à escalader. Je me sentais tout petit, intimidé et écrasé par son immensité. Elle n'avait rien d'accueillant et de réconfortant. Elle était menaçante, totalement indifférente à ma présence et à ma peine. Elle défiait tous mes efforts pour l'escalader et se moquait de mon insignifiance. J'ai crié à Dieu et lui ai demandé de reconnaître ma souffrance et d'en assumer la responsabilité, mais tout ce que j'ai entendu, c'était l'écho solitaire de ma propre voix.

Telle est l'impression que l'idée de souveraineté divine laisse sur ceux qui ont subi une lourde perte. Elle semble effroyable et inaccessible. On interroge Dieu : « Pourquoi ai-je souffert ? » Mais Dieu semble ne pas entendre ni vouloir répondre, comme si nous étions trop insignifiants pour qu'il daigne s'adresser à nous. Nous attendons de lui qu'il fournisse une nouvelle dimension à notre perte, une consolation, une délivrance, mais nous ne recevons aucun de ces dons de la grâce. Nous nous tenons plutôt devant un mur de granit qui ne peut pas – ou ne veut pas – répondre à notre cri et à nos besoins. Après tout, Dieu existe peut-être, omnipotent, omniprésent et omniscient, mais il ne semble pas s'intéresser à nous. Nous nous interrogeons donc : « Qui a besoin d'un tel Dieu ? »

Ou alors, Dieu n'existe pas du tout. La souffrance peut nous pousser tellement loin dans la direction du doute que nous succombons à l'athéisme. Comme Ludwig Feuerbach, on se dit que Dieu est une invention humaine, qu'il est une projection de l'humanité sur le cosmos. Dieu n'est alors plus qu'une fiction utile destinée à expliquer notre origine, à donner un sens à la réalité, à nous procurer une certaine sécurité dans un univers vaste et impersonnel. Il s'ensuit que plus notre connaissance de l'univers et notre domination sur la nature croissent, plus notre besoin de Dieu s'estompe.

À une certaine époque, la plupart des gens croyaient que Dieu avait créé l'univers. Depuis Charles Darwin, de plus en plus de personnes croient que l'univers est le produit de forces aléatoires et de la sélection naturelle. De même, il fut un temps où la plupart des gens croyaient que Dieu avait créé l'âme grâce à laquelle les êtres humains ont la capacité de connaître Dieu. Depuis Sigmund Freud, un nombre sans cesse croissant de gens pense que la nature humaine résulte de pulsions inconscientes et de l'environnement extérieur. Si Dieu est une invention utile, il semble perdre son utilité avec le temps. À la longue, le développement des connaissances pourra rendre l'existence de Dieu totalement inutile.

Darwin, Freud, Feuerbach et de nombreux autres penseurs occidentaux ont soulevé des questions *intellectuelles* concernant Dieu, jusqu'à mettre en doute son existence même. Ces questions troublent de nombreux contemporains, dont certains se sont totalement détournés de la foi. La souffrance soulève aussi des questions *émotionnelles* concernant Dieu. Que Dieu existe ou non, qui veut d'un Dieu qui permet la souffrance, alors qu'il aurait pu l'empêcher, ou qui se cache devant la souffrance, n'ayant pas le pouvoir de l'alléger ? Il vaudrait même presque mieux que Dieu n'existe pas ! Ne pas avoir de Dieu semblerait préférable à avoir un Dieu faible ou cruel.

La question n'est pas aussi abstraite et spéculative qu'elle paraît, une affaire d'intellectuels qui n'intéresse personne d'autre. La souffrance ne nous offre pas le luxe de garder cette question à bonne distance. Elle nous oblige au contraire à réfléchir à la nature essentielle de Dieu. Est-il souverain ? Est-il bon ? Peut-on lui faire confiance ? Après de nombreuses années d'infertilité, Lynda a fini par concevoir – un vrai miracle pour nous ! – puisque nous avions épuisé toutes les options médicales et avions fini par accepter le sombre diagnostic de notre médecin. Lynda avait déjà trente-deux ans et elle s'est dit alors que le bébé qu'elle attendait serait probablement notre unique enfant. Nous nous sommes donc immédiatement mis au travail. Nous avons préparé notre maison à accueillir le nouveau-né et Lynda s'est préparée à l'accouchement. Elle était au comble du bonheur.

Hélas ! sept semaines plus tard, elle fit une fausse couche. Cet avortement spontané anéantit Lynda. Il la plongea dans une tristesse et un dépit profonds. Pendant des mois, elle en voulut à Dieu. Une fois, elle me dit : « Mon père terrestre ne m'aurait jamais fait pareille chose, mais mon Père céleste l'a fait. » Ce fut l'heure la plus sombre de sa vie.

Cette lutte dans son âme ne prit fin qu'avec la naissance de Catherine un an et demi plus tard. Lynda éprouvait une grande sympathie pour les couples dont les problèmes d'infertilité ne trouvaient pas une solution aussi satisfaisante que dans notre cas. Cette sympathie la faisait hésiter à présenter les naissances miraculeuses de nos quatre enfants sous la forme d'un témoignage sentimental. Elle n'a jamais voulu exacerber la tristesse silencieuse que ressentent de nombreux couples stériles. Elle s'était rendu compte qu'en fin de compte, l'infertilité aurait favorisé quelque dessein spirituel dans sa vie, mais elle préférait cependant la fin heureuse qu'elle avait connu. Elle me dit un jour avec un sourire espiègle : « J'avais davantage envie d'être une mère qu'une sainte. »

La question de la souveraineté de Dieu n'est plus pour moi un sujet abstrait. J'ai décidé de devenir professeur à l'université parce que je *désirais* réfléchir aux questions de fond comme celle-ci, car elles m'ont toujours fasciné. Après l'accident, ces questions m'ont toutefois été *imposées*. La crise de mon expérience m'a poussé à réfléchir à la question de la souveraineté de Dieu. Pendant des années, j'avais demandé à Dieu de protéger ma famille du mal et du danger et, chaque soir, je le remerciais d'avoir exaucé ma prière. La nuit de l'accident, je ne l'ai pas remercié et, pendant les mois qui suivirent, j'ai même hésité tout simplement à prier. Une question me hantait : Où était Dieu la nuit de l'accident ? Je me demandais même si je pourrais un jour de nouveau lui faire confiance.

Je tenais tellement à continuer de croire en Dieu ! C'était déjà assez d'avoir perdu trois membres de ma famille. Pourquoi rendre la situation encore plus tragique en perdant aussi Dieu ? J'ai pris conscience qu'il était le seul fondement sur lequel reconstruire ma vie brisée. Je ne pouvais cependant pas m'empêcher de me poser la question : « À quoi bon tout cela si Dieu, le Dieu en

qui j'ai placé ma confiance depuis si longtemps, n'existe pas ? »
J'ai suivi un certain temps les déductions de cette question
pour savoir honnêtement où elles me mèneraient. Puisque la
souffrance rendait la foi en Dieu plus problématique, du moins,
pour un certain temps, j'ai décidé de réfléchir aux implications
de l'incrédulité. Ce que la foi en Dieu ne m'avait pas apporté ou
était incapable de m'apporter au sein de ma souffrance, le rejet
de Dieu pouvait-il me le procurer ?

Plus j'avançais dans cette direction, plus j'étais troublé. J'ai
découvert que pour être reconnue comme une émotion saine et
légitime, la tristesse avait besoin de l'existence de Dieu. S'il n'y
a pas de Dieu, l'émotion humaine sombre dans un relativisme
terrible. Peu importe, alors, notre façon de réagir à la perte. Elle
devient totalement subjective, comme les préférences de chacun
en matière de crème glacée. Lors des obsèques, j'ai pleuré
parce que je venais de perdre trois êtres que j'aimais. Pourquoi
pleurer ? Pourquoi n'avoir pas ricané lors de l'enterrement, et ne
m'être pas moqué de toute la cérémonie ? Nous nous lamentons
sur un mariage qui bat de l'aile. Pourquoi ? Pourquoi ne pas
nous réjouir plutôt de l'affranchissement des contraintes de la vie
conjugale et ne pas encourager les gens mariés à prendre leurs
engagements et leurs promesses moins au sérieux ? Nous nous
attristons devant l'accident tragique dont est victime un homme
ou devant l'infirmité qui en résulte. Pourquoi ne pas éclater de
rire devant sa situation ? Nous exprimons notre tristesse et notre
sympathie à un couple qui vient de donner naissance à un enfant
trisomique. Pourquoi ne pas inciter les parents à confier le bébé
à un établissement spécialisé et à tenter de concevoir un autre
enfant ?

Si Dieu n'existe pas, pour quelle raison adopter une attitude
plutôt qu'une autre, puisque les émotions comme la tristesse et le
bonheur ne reposent pas sur une réalité objective qui transcende
le moi ? Dans une vision athée du monde, il est impossible
d'affirmer le caractère absolu de la vérité et du mensonge, du
bien et du mal, de ce qui est juste et ce qui ne l'est pas. Il semble
donc n'y avoir aucune raison objective pour juger mauvaise

une perte catastrophique et s'en lamenter. Comme l'expérience humaine en général, l'émotion semble relative. Ce n'est pas que les athées ressentent moins la souffrance que les gens religieux. Quelle que soit la vision du monde que l'on adopte, la souffrance meurtrit ceux qu'elle frappe. C'est le fait de définir une chose comme mauvaise qui me pousse à me demander : « D'où me vient l'idée même du bien ou du mal ? »

Les gens ressentent la douleur dans leur âme pour une raison fort simple : ils se *sentent* mal dans leur souffrance parce que celle-ci *est* mauvaise. La mort subite est mauvaise, tout comme l'infidélité envers son conjoint, les sévices sexuels, la maladie en phase terminale et le handicap sévère. Nous reconnaissons ces choses comme mauvaises parce que nous avons la connaissance du bien. Il ne s'agit pas de simples préférences, d'opinions ou de sentiments, mais de connaissance. Or, celle-ci ne peut que découler de l'existence de Dieu.

Je sais très bien que d'autres gens, qui ont subi des pertes, sont arrivés à des conclusions différentes des miennes, et qu'ils sont tout aussi sincères et sérieux que moi. Certains croient que nous discernons le bien et le mal en vertu d'une loi naturelle qui régit l'univers moral au même titre qu'elle gouverne l'univers physique. Pour d'autres, la connaissance du bien et du mal nous vient de l'influence qu'exercent sur nous les conventions sociales. Ces opinions nous forcent toutefois à nous demander : D'où vient la loi naturelle ? Quelle est la source des conventions sociales ? Ces questions me font tourner le dos à l'athéisme et me tourner vers Dieu.

Les implications de l'athéisme me sont insupportables. S'il est parfois difficile de croire en Dieu, il l'est encore davantage de croire à l'athéisme. Celui-ci nous prive de la vision objective de la réalité indispensable pour justifier les émotions liées à nos pertes. Tristesse, colère et dépression sont des expressions authentiques d'une âme qui a des raisons valables d'être ébranlée. Elle souffre parce que le mal a semblé triompher du bien. C'est l'existence de Dieu qui procure les catégories nous permettant de prononcer des jugements moraux et de réagir par des émotions appropriées.

Nous avons donc de bonnes raisons de nous lamenter sur nos pertes. Les larmes versées lors d'un enterrement, à l'hôpital, devant le tribunal qui prononce le divorce, ainsi que dans le cabinet du thérapeute expriment la tristesse devant une perte légitime. Ce que nous avons perdu était bon et la perte nous rend justement tristes. Le système de valeurs en vertu duquel nous nous sentons mal après une perte – et qui nous donne le *droit* de nous sentir mal – reflète un univers dans lequel Dieu est au centre. Il existe d'autres explications, mais celle-ci me semble la plus plausible.

La piste de l'athéisme que j'ai suivie m'a donc ramené à la foi en Dieu. Il n'empêche que la question de la souveraineté de Dieu continuait de me troubler. Elle s'imposait à moi comme une haute paroi de granit. Je ne parviens toujours pas à l'expliquer simplement, je me demande même si j'y arriverai un jour ou si même je le souhaite. Trop de mystères entourent les voies de Dieu pour que nous puissions les expliquer facilement. Je continue cependant d'examiner cette énigme sous différents angles. C'est ainsi que je lui ai découvert trois facettes qui m'ont aidé.

La première concerne une autre façon de comprendre la souveraineté de Dieu. Avant l'accident, sans m'en rendre compte, j'en avais une conception étriquée. J'étais enclin à penser que Dieu tirait simplement les ficelles et manipulait les événements de notre vie comme si nous étions des marionnettes entre ses mains. Une telle conception est manifestement déterministe ; selon elle, les événements de la vie seraient totalement dictés par Dieu. Il tracerait notre voie et nous ne pourrions faire autrement que la suivre. Dieu serait actif et inflexible, et nous, des victimes passives. Nous n'aurions aucune possibilité de choix, aucun pouvoir de décision, aucune liberté légitime. Dans cette optique, nous ressemblerions davantage à des marionnettes qu'à des êtres humains.

Depuis l'accident, j'ai commencé à remettre cette conception en doute. J'ai élargi ma notion de la souveraineté de Dieu pour qu'elle inclue la liberté humaine au lieu de l'annuler. J'ai fini par comprendre que je pouvais attester la souveraineté de Dieu tout en étant une personne plutôt qu'une marionnette. Je reconnais aujourd'hui que j'avais de la souveraineté de Dieu une conception trop étroite. Sa souveraineté englobe toute la vie, pas seulement les expériences tragiques, mais également nos réactions à ces expériences. Elle enveloppe la totalité de l'expérience humaine et l'intègre dans un tout plus vaste. Même la liberté humaine devient une dimension de la souveraineté de Dieu, comme si Dieu était un romancier qui avait inventé des personnages tellement réels que les décisions qu'ils prennent sont vraiment les leurs. En tant que romancier, Dieu est à l'extérieur du roman ; il y joue le rôle de l'auteur. Les personnages du roman, les humains, sont libres d'agir et de déterminer leur propre destinée. La souveraineté de Dieu transcende donc la liberté humaine, mais elle ne la supprime pas. Les deux notions sont réelles de façon différente et sur des plans différents.

La foi en la souveraineté de Dieu nous procure l'assurance que Dieu est aux commandes tout en nous rendant responsables d'user de notre liberté pour faire des choix sages et lui rester fidèles. Elle nous garantit que dans sa transcendance, Dieu ne supprime pas le rôle important que nous jouons. Le fait de savoir Dieu souverain nous permet de croire qu'il est plus grand que nos circonstances et que par elles, il rendra notre vie meilleure.

La deuxième perspective a trait à la relation particulière qui existe entre la souveraineté de Dieu et l'Incarnation. La souveraineté divine signifie que Dieu domine sur tout. L'Incarnation indique que Dieu est venu dans le monde en tant qu'être humain vulnérable. Il est né d'une femme, Marie. Il a reçu un nom, celui de Jésus. Il a appris à marcher et à parler, à lire et à écrire, à manier le marteau et à faire la vaisselle. Dieu a embrassé la condition humaine et a connu toutes les ambiguïtés et les luttes qui caractérisent la vie sur terre. À la fin, il est devenu la victime de l'injustice et de la haine, a souffert atrocement sur la croix, et a succombé à une mort ignominieuse. Le Dieu souverain est venu en Jésus-Christ pour souffrir avec nous et pour nous. Il est descendu dans l'abîme à une profondeur que nous ne connaîtrons jamais. Sa souveraineté ne l'a pas protégé contre la perte. Elle l'a même poussé à faire l'expérience de la perte dans notre intérêt. Dieu n'est donc pas simplement un être distant qui gouverne le monde par une puissance mystérieuse. Il a parcouru le chemin jusqu'à nous et a vécu parmi nous. La paroi vertigineuse et glaciale est devenue un monticule de sable à nos pieds.

Le Dieu que je connais a fait l'expérience de la douleur ; c'est pourquoi il comprend la mienne. Dans la personne de Jésus, j'ai senti les larmes de Dieu, j'ai tremblé devant sa mort sur la croix et j'ai été témoin du pouvoir rédempteur de ses souffrances. L'Incarnation me dit que Dieu se soucie tellement de l'être humain qu'il a décidé de devenir homme et de subir une perte, alors que rien ne l'y obligeait. Je me suis lamenté longuement et intensément. J'ai pourtant trouvé de la consolation dans la pensée que le Dieu souverain, qui régit toutes choses, est celui-là même qui a éprouvé la douleur avec laquelle je vis quotidiennement. Quelle que soit la profondeur de l'abîme dans lequel je descends, j'y rencontre Dieu. Il ne se tient pas à distance de mes souffrances, mais il s'approche de moi quand je souffre. Il est sensible à la souffrance, prompt à verser des larmes et habitué à la douleur. Dieu est un souverain souffrant qui ressent la tristesse du monde.

L'Incarnation a laissé une empreinte durable sur moi. Depuis maintenant trois ans, je pleure à chaque célébration de la sainte cène à laquelle je participe. Je n'ai pas seulement apporté ma souffrance à Dieu, j'ai aussi senti comme jamais auparavant la souffrance que Dieu a endurée pour moi. J'ai pleuré devant Dieu parce que je sais que Dieu aussi a pleuré. Dieu compatit à la souffrance parce que lui-même a souffert.

La dernière perspective concerne le rôle de la foi qui semble requise de la part de quiconque veut connaître Dieu. Je me suis longtemps demandé pourquoi la foi était tellement essentielle. Pourquoi Dieu ne nous a-t-il pas rendu sa nature divine plus évidente ? Pourquoi ne nous a-t-il pas facilité la tâche de croire ? Il me semble personnellement que nous en savons assez pour croire, mais pas suffisamment pour nous inciter à croire. La Bible présente la splendeur du monde comme une preuve de l'existence de Dieu, certains épisodes de l'Histoire comme une preuve de l'action de Dieu dans le monde, et la venue de Jésus comme la preuve suprême de son amour pour nous tous. On peut cependant considérer le monde d'une façon qui exclut Dieu, l'Histoire comme dénuée de toute intervention divine, et voir en Jésus simplement un grand maître moral, un révolutionnaire radical ou un fanatique déséquilibré. On peut mener sur terre une vie normale et efficace tout en rejetant Dieu. On peut décider d'être athée et tout de même bien s'en tirer.

Je veux dire par là que nous avons un *choix*. Dieu aspire plus que tout à notre amour. On ne peut cependant forcer quelqu'un à aimer. C'est la liberté qui rend notre amour possible. C'est pourquoi Dieu ne nous contraindra jamais à entrer en relation avec lui. La foi permet de se décider pour Dieu en toute liberté. Il nous est possible de croire en lui, mais également de *ne pas* croire en lui. Si nous croyons, c'est parce que nous avons *choisi* de croire, même si l'occasion de choisir est en elle-même un don divin.

La perte peut remettre en question l'existence de Dieu. La douleur semble nous le cacher ; quand nous souffrons, il est difficile de croire qu'il puisse exister un Dieu. Notre amertume nous incite à rejeter Dieu, mais pour une raison inconnue, nous hésitons à faire le pas. Alors nous méditons et nous prions. Nous faisons un pas vers lui, puis un pas en arrière. Dans notre âme se déroule un combat pour croire. Finalement, nous optons pour Dieu et, dans ce choix, nous découvrons qu'il nous a déjà choisis et attirés à lui. Nous nous approchons de lui en toute liberté, en ayant la faculté mentale aussi bien de croire que de ne pas croire, un cœur capable d'éprouver la joie comme la tristesse et une volonté capable de se décider pour lui ou contre lui. Nous prenons la décision d'entrer en communion avec Dieu. Nous découvrons alors que, dans sa souveraineté, Dieu a déjà décidé d'entrer en relation avec nous.

Tout compte fait, je ne pense pas être en mesure un jour de comprendre la souveraineté de Dieu. Cette seule idée transcende la capacité de l'esprit humain à la comprendre. Malgré tout, je suis arrivé à un compromis. J'ai fait la paix avec la souveraineté de Dieu et cette démarche m'a procuré de la consolation. L'idée de la souveraineté divine ne m'est plus odieuse. Cette paix m'est venue sous la forme d'un rêve éveillé. Comme je l'ai dit précédemment, le souvenir de l'accident s'est gravé dans ma mémoire à l'instant même où il s'est produit. Pendant longtemps, il a été une source de tourment pour moi. Puis une nuit, alors que je n'arrivais pas à trouver le sommeil, j'ai vu l'accident sous un autre jour. Je me tenais avec mes trois enfants dans un champ, près du lieu de l'accident. Tous les quatre, nous regardions notre voiture familiale prendre le virage. Une voiture venant en face franchit la ligne médiane, comme ce fut le cas lors de l'accident, et heurta notre véhicule. Nous avons été témoins de la violence du choc, du tohu-bohu et de la mort, tout comme nous l'avions expérimenté en réalité. Soudain, une lumière sublime enveloppa la scène. Elle illumina tout. Elle nous força même à voir de manière plus détaillée les ravages de l'accident. Cependant, elle nous permit également de voir la présence de Dieu en ce lieu. À ce moment, je sus que Dieu était là lors de l'accident. Il était là pour accueillir nos bien-aimés dans le ciel. Dieu était là pour nous consoler. Il était là pour faire prendre une nouvelle direction aux survivants.

Ce rêve éveillé ne m'a pas donné la réponse au pourquoi de l'accident et ne m'a pas convaincu que c'était une bonne chose. Il n'a pas supprimé mon chagrin et ne m'a pas rendu heureux, mais il m'a communiqué une mesure de paix. À partir de ce moment, j'ai tout doucement commencé à croire que la souveraineté de Dieu était une bénédiction et non une malédiction. L'énorme paroi se dresse toujours haut devant moi, mais maintenant, elle me sécurise et me remplit d'admiration.

chapitre 12

La vie a le dernier mot

Les bords de Dieu sont tragédie. Les profondeurs
de Dieu sont joie, beauté, résurrection, vie.
La résurrection répond à la crucifixion ;
la vie répond à la mort.

Marjorie Hewitt Suchocki

Après les obsèques, j'ai tenté le plus vite possible de reprendre la vie routinière dans le foyer. L'un de ses aspects était la lecture de la Bible chaque soir. Environ six semaines après l'accident, nous nous sommes assis tous les quatre sur le divan pour lire une histoire du livre des Actes, celle où Pierre ressuscite Dorcas. Immédiatement après notre lecture, Catherine laissa échapper : « Pourquoi Dieu n'a-t-il pas fait la même chose pour nous ? Pourquoi a-t-il permis que maman, Diana Jane et grand-maman meurent ? Pourquoi ne se soucie-t-il pas de nous ? » Ces questions soulevèrent la colère des enfants. Ils donnèrent libre cours à leur rage contre Dieu, coupable d'avoir anéanti notre famille, et ils versèrent des larmes amères. Après les avoir mis au lit et les avoir bordés, je me rendis chez un voisin et me mis à pleurer toutes les larmes de mon corps.

Cette expérience marqua la première occasion où j'appris la douloureuse vérité que je ne pouvais pas protéger mes enfants de la souffrance, mais que je pouvais tout simplement la subir avec eux. Et pour la première fois, j'ai pris conscience que le véritable ennemi que nous devions affronter – l'ultime grand adversaire – était la mort. Lorsque, ce soir-là, j'avais regardé mes enfants, je m'étais dit qu'eux aussi mourraient un jour, tout comme leur mère, leur sœur et leur grand-mère étaient mortes. Certes, cette vérité m'était connue bien avant ce soir-là, mais elle m'apparut de façon plus profonde. Je sentais l'ombre de la mort planer au-dessus de nous tous.

Nous n'acceptons pas de gaieté de cœur la nature mortelle de la vie, car elle est un affront à tout ce que nous chérissons. Nous aimerions pouvoir diriger le cours de la vie et n'attendre d'elle que de bonnes choses : une carrière professionnelle réussie, un mariage heureux, des enfants parfaits, des amis intimes, une belle maison, des communautés paisibles. Toute perte nous rappelle que nous n'avons pas le dernier mot. Celui-ci appartient à la mort, que ce soit la mort d'un conjoint, la fin d'une amitié, la rupture d'un mariage, la perte d'un emploi ou de notre santé. En fin de compte, la mort se rend maître de nous tous.

Toute perte nous contraint donc inévitablement à méditer sérieusement et longuement la réalité de la mort. La mort a-t-elle vraiment le dernier mot ? Beaucoup le croient. Devant elle, certains décident d'affronter héroïquement leur destinée. D'autres préfèrent vivre au jour le jour, s'adonner à tous les plaisirs ou acquérir le plus de pouvoir possible. D'autres encore, devant l'absurdité de la vie, estiment préférable d'y mettre fin le plus rapidement possible et se suicident.

Comme tous ceux qui subissent une perte, j'ai voulu inverser mes circonstances et ramener mes bien-aimés à la vie. Ce désir comporte néanmoins un ennui : finalement, j'aurais dû de toute façon perdre à nouveau mes bien-aimés. Lynda serait décédée d'une autre manière, et qui sait si sa mort n'aurait pas été plus horrible. Ma mère serait morte peut-être après avoir d'abord enduré de longues souffrances. Diana Jane aurait de toute évidence connu, elle aussi, certaines souffrances avant son dernier soupir. Nous sommes trompés par nos désirs de retrouver ce que nous avions, parce que nous ne pourrions pas le posséder à toujours, même si nous le retrouvions pour un temps.

J'ai fini par comprendre que le plus grand ennemi que nous devons affronter est la mort, car elle réclame tout être et toute chose. Aucun miracle ne peut définitivement nous sauver d'elle. Le miracle ne peut donc être qu'une solution provisoire. Nous avons vraiment besoin d'autre chose qu'un miracle : il nous faut une résurrection pour rendre la vie éternellement nouvelle. Nous soupirons après une vie dans laquelle la mort est finalement et définitivement vaincue.

De nombreuses religions parlent d'une vie après la mort. Il s'agit de récits mythiques, mais éloquents, car ils expriment l'aspiration la plus profonde du cœur humain. Pourtant, à ma connaissance, une seule religion affirme qu'un personnage historique est mort et ressuscité, non en tant que dépouille mortelle ressuscitée et destinée à mourir de nouveau, mais en tant que personne ressuscitée et destinée à vivre éternellement. Cette religion est évidemment le christianisme, et le personnage historique se nomme Jésus de Nazareth.

Il est facile de se montrer sceptique quant à la fiabilité des récits qui parlent de la résurrection de Jésus. Il aurait pu s'agir d'affabulations, nées dans l'esprit de disciples qui respectaient et aimaient tellement Jésus qu'ils ne voulaient plus le laisser partir après sa mort. La résurrection aurait été un moyen commode et créatif pour eux de le maintenir en vie, alors qu'il était bien mort sur la croix et n'était jamais revenu à la vie.

C'est ma propre expérience de la tragédie et du deuil qui m'a donné une autre perspective sur les récits de la résurrection. Ma perte m'a aidé à comprendre la leur. La perte entraîne une douleur incessante, le genre de douleur qui nous oblige à reconnaître le caractère mortel de notre condition humaine. Comme chacun le sait, on peut tenir cette terrible vérité à distance pendant un certain temps. C'est ce qu'opère le choc initialement, ce qui explique pourquoi des personnes qui ont perdu un être aimé ou qui ont souffert d'une autre sorte de perte peuvent être abattues un instant et euphoriques l'instant suivant, être tristes un moment et tout de suite après, faire preuve d'une gaieté inaccoutumée. Le choc s'estompe cependant avec le temps. Puis viennent le déni, le marchandage, l'abandon aux excès et la colère qui viennent et vont avec différentes intensités. Ces moyens de lutte contre la douleur peuvent se révéler efficaces un certain temps, mais eux aussi, comme le choc, doivent finalement céder devant la puissance supérieure de la mort. À la fin, il ne reste que tristesse et dépression profondes. La perte devient ce qu'elle est réellement, le rappel que la mort, sous une forme ou une autre, a encore triomphé. La mort est toujours victorieuse.

Il y a cependant une exception notable. Les disciples de Jésus lui étaient attachés. Ils avaient beaucoup sacrifié pour le suivre. Leur héros a toutefois subitement disparu. Le récit biblique indique que la tournure des événements les a profondément dépités et leur a fait craindre de mourir à leur tour. Ils se dispersèrent donc comme de la paille chassée par un tourbillon de vent et, remplis de peur et de stupéfaction, ils se cachèrent des autorités romaines. La mort de Jésus les avait anéantis. Ils n'étaient pas plus enclins à se montrer joyeux et courageux que je ne l'avais moi-même été en voyant mes bien-aimés mourir dans l'accident. Ils n'ont pas davantage pu inventer l'idée de la résurrection dans les semaines qui ont suivi la mort que je ne l'avais été dans mon chagrin. Ils n'avaient pas plus d'énergie et d'imagination pour inventer une nouvelle religion que je n'en ai eu après avoir connu ma tragédie. Ils auraient pu essayer – comme j'aurais pu le faire – mais leurs efforts se seraient révélés vains en fin de compte. La réalité les aurait rattrapés et aurait triomphé. La mort ne se laisse pas vaincre aussi facilement. Elle gagne toujours.

Pourtant, quelques semaines plus tard, ces mêmes disciples de Jésus proclamèrent hardiment que Jésus était de nouveau vivant, non comme un cadavre ranimé, ce qui n'aurait fait que repousser l'échéance inévitable, mais comme un être ressuscité qui ne mourrait plus jamais. Ils affirmèrent même avoir vu Jésus, lui avoir parlé et l'avoir touché. Ils déclarèrent catégoriquement que Jésus était mort, qu'il avait passé trois jours dans un tombeau et qu'il était ressuscité. Les apôtres étaient tellement sûrs de leur expérience qu'ils la prêchèrent partout, endurèrent le martyre pour avoir refusé de la nier, et vécurent avec une joie, une espérance et un but que peu de gens ont connus dans l'Histoire. Il n'existe aucun récit évoquant la défection de l'un d'eux, ou indiquant que l'un d'entre eux a démenti son récit et reconnu l'avoir inventé de toutes pièces parce qu'il avait refusé la mort de Jésus. Il ne fait aucun doute que les disciples de Jésus croyaient fermement ce qu'ils annonçaient.

Certains expliquent leur foi comme une illusion de masse, une hallucination ou une tromperie. Ces explications sont cependant plus fantaisistes que l'affirmation plutôt simple et franche des disciples, à savoir que Jésus avait été mis à mort, qu'il avait d'une certaine manière pris sur lui le péché, le mal et la mort, et qu'il était sorti vivant du tombeau. La résurrection était la preuve du bien-fondé de ses paroles, de ses œuvres et de sa vie. La mort n'a pas le dernier mot, la vie, oui. La mort et la résurrection de Jésus ont rendu possible le triomphe ultime de la vie. Jésus a désormais le pouvoir et le désir de donner la vie à tous ceux qui le veulent et en ont besoin. Bien que l'expérience de la mort soit universelle, celle de la résurrection ne l'est pas. Ce qui différencie les disciples de ceux d'entre nous qui ont connu une perte catastrophique, ce n'est pas l'expérience de la perte elle-même, mais l'expérience de la résurrection de Jésus.

Lors de son ministère terrestre, Jésus a opéré des miracles et des prodiges comme signes de la présence de Dieu sur terre. Jésus rendit l'ouïe à des sourds, la vue à des aveugles, la mobilité à des boiteux et la vie à des morts. Pourtant, tôt ou tard, ceux qui avaient recouvré l'ouïe l'ont reperdue, peut-être avant la mort, sinon, de toute évidence, lors de leur mort. Ceux qui avaient recouvré la vue sont redevenus aveugles, ceux qui avaient retrouvé l'usage de leurs membres sont redevenus boiteux et ceux qui étaient revenus à la vie sont morts de nouveau. La souffrance et la mort ont fini par l'emporter. Autrement dit, les miracles de Jésus n'étaient pas la raison suprême de sa venue. Sa grande victoire ne réside pas dans ses miracles, mais dans sa résurrection. Sa vie et sa mort sacrificielle étaient tellement parfaites que le tombeau n'a pas pu le retenir. Jésus a triomphé de la mort et, en le ressuscitant, Dieu lui a accordé une vie définitivement inaccessible aux griffes de la mort. Le récit de Pâques déclare que l'histoire humaine ne s'achève pas par la mort, mais par la vie. La résurrection de Jésus en est la garantie. Toute larme, toute souffrance et toute tristesse seront englouties dans la vie éternelle et dans une joie pure et irrépressible.

Bien sûr, tout cela appartient encore à l'avenir. Or, nous vivons dans un présent souvent rempli de chagrin et de douleur. La souffrance crée un certain degré d'ambivalence chez ceux d'entre nous qui croient à la résurrection. Nous ressentons la peine de nos circonstances présentes qui nous rappellent ce que nous avons perdu ; nous espérons toutefois la libération et la victoire futures. Nous doutons, tout en essayant de croire ; nous souffrons tout en aspirant à une guérison pleine et entière ; nous allons à pas lents vers la mort tout en voyant la mort comme la porte de la résurrection. Cette ambivalence de l'âme traduit bien la double nature de la vie. Nous sommes des créatures faites à partir de la poussière ; mais nous savons que nous avons été créés pour une réalité bien supérieure. Un certain sens de l'éternité habite notre cœur. Vivre avec cette ambivalence est à la fois difficile et vital. Ce fait dilate notre âme, nous oblige à admettre le caractère mortel de notre être, et en même temps à espérer la victoire finale, celle que Jésus a remportée pour nous dans sa mort et sa résurrection, une victoire qui ne sera nôtre que de l'autre côté de la tombe.

Cette ambivalence fait désormais partie de ma vie actuelle. Je vis à la fois de tristesse et d'espérance. Dernièrement, mon fils David a recommencé à se débattre pour accepter la mort de sa mère. Il m'a dit récemment qu'il éprouvait une sorte de tristesse permanente, et qu'il ne souhaitait même pas retrouver le bonheur qu'il connaissait avant qu'elle ne meure. Pour lui, être de nouveau heureux serait presque un sacrilège. Il y a quelques jours, nous avons souligné le troisième anniversaire de l'accident. Au cours du souper, David dit : « Papa, si seulement j'avais été aux toilettes après le pow-wow, maman serait encore en vie. Si tu avais eu plus de choses à faire ce jour-là, maman serait encore en vie. » Il refuse la réalité. Je m'inquiète parfois à son sujet, ainsi qu'à celui des autres. Je m'inquiète parfois même à mon sujet. Je plonge alors dans une tristesse qui me donne à penser que nous ne connaîtrons plus jamais la vie. Mon humeur maussade jette une ombre sur tout, même sur ma foi. Alors, il m'est difficile de croire en quoi que ce soit.

Puis, je remonte ensuite la pente et vois les choses de façon plus lucide. Je me dis que nous ne sommes pas les seuls à souffrir. La souffrance est le lot de toute l'humanité. S'il n'y avait rien après ce monde, la souffrance aurait le dernier mot et nous serions tous à plaindre. Pourtant, des générations de chrétiens fidèles nous ont précédés et d'autres nous suivront ;

ils ont tous cru ou croiront ce que je crois au plus profond de mon âme. Jésus est au centre de tout. Il a vaincu le péché et la mort par sa crucifixion et sa résurrection. Alors, la lumière se fait de nouveau peu à peu dans mon cœur, et l'espoir revient. Je découvre des raisons et le courage de persévérer et de continuer de croire. Une fois encore, mon âme augmente sa capacité d'espérer comme de s'attrister. Au bout du compte, je crois avec plus de profondeur et de joie qu'avant, même dans mon chagrin.

chapitre 13

Une communauté de gens brisés

Je n'ai pas pleuré pour les six millions de Juifs,
les deux millions de Polonais, le million de Serbes ou
les cinq millions de Russes – je n'étais pas préparé
à pleurer pour toute l'humanité –, mais j'ai pleuré
pour ceux qui, d'une manière ou d'une autre,
m'étaient devenus chers.

William Styron

La perte est une expérience universelle. Comme la douleur physique, nous savons qu'elle est réelle parce qu'un jour ou l'autre, nous en faisons tous l'expérience. Mais la perte est aussi une expérience solitaire. Là encore, comme la souffrance physique, nous savons qu'elle est réelle parce que nous en faisons l'expérience au plus profond de nous-mêmes. Lorsqu'une personne nous dit : « Vous ne pouvez savoir ce par quoi j'ai passé et à quel point j'ai souffert », sachons qu'elle a tout à fait raison. Nous ne le savons pas et ne pouvons le savoir.

Cependant, cette personne ne saura jamais ce que nous avons enduré ni à quel point nous avons souffert. Chacun fait son expérience personnelle de la souffrance même si en apparence cette expérience ressemble à celle des autres. Bien qu'en soi, la souffrance soit universelle, chaque expérience de souffrance est unique parce que chaque être humain qui la vit est unique. Ce que la personne était avant la perte, ce qu'elle ressent au moment de la perte et la manière dont elle réagit à la perte rendent son expérience différente de celle des autres. C'est pourquoi subir une perte constitue une expérience solitaire. C'est pour cela que chacun doit finalement l'affronter seul. Personne ne peut nous en délivrer, se substituer à nous, ni atténuer notre douleur.

Rien n'oblige toutefois la perte à nous isoler des autres ou à nous enfermer dans notre solitude. Bien qu'elle soit une expérience solitaire que nous devons affronter seuls, elle est également une expérience courante qui peut nous conduire à rechercher la communion des autres. Elle peut créer une communauté de gens brisés. Nous devons entrer seuls dans l'obscurité de la perte, mais lorsque nous y sommes plongés, nous trouvons d'autres personnes avec lesquelles nous pouvons partager la vie.

Au moment où j'arrivai à l'hôpital, des amis proches m'y attendaient déjà. Au cours des vingt-quatre heures suivantes, d'autres amis de partout au pays vinrent pleurer notre perte avec moi et ma famille. J'étais émerveillé par le soutien d'autrui. Depuis, j'ai eu l'occasion de m'entretenir avec plusieurs d'entre eux au sujet de leur expérience et en particulier au sujet de leur réaction initiale au drame que nous avions connu. Un couple venu de Chicago me parla récemment du sentiment de consternation et de complet désarroi qui les avait envahis lorsque je les avais appelés pour les informer de l'accident. Quand Steve et Kathy sont arrivés chez moi par le vol en provenance de Chicago, ils se sont regardés avant de sortir de la voiture. Leur regard chargé d'émotion en disait plus qu'un flot de paroles. Ils étaient troublés par des questions dont les réponses leur échappaient. Bien que totalement démunis et brisés eux-mêmes, ils décidèrent à ce moment tout simplement d'être là avec moi. Faisant fi des convenances, ils entrèrent dans la maison et m'embrassèrent en fondant en larmes, ne sachant absolument pas quoi dire pour nous consoler, les enfants et moi-même. Ils avaient décidé de se rendre disponibles, vulnérables et présents pour nous dans nos souffrances. Ils se sont intégrés dans notre communauté de gens brisés.

Pour deux raisons au moins, une telle communauté ne se forme pas automatiquement à partir de l'expérience de la perte. Premièrement, les pertes publiques et tragiques, comme la mienne, suscitent toujours un élan d'entraide qui meurt presque aussi vite qu'il est né. Ne reprochons cependant pas à nos amis la brièveté ou la superficialité de leur soutien. J'ai moi-même agi comme eux. En de nombreuses occasions, j'ai envoyé un mot à une personne qui venait de subir une perte, je lui ai rendu visite une ou deux fois, j'ai prié sporadiquement pour elle pendant quelques semaines ou quelques mois, puis j'ai fini par l'oublier. J'ai souhaité exprimer ma sympathie, et je l'ai fait. Mais je n'ai pas décidé de prendre sur moi la souffrance d'autrui, et de la laisser transformer ma vie. Dans la plupart des cas, je n'en avais ni le temps ni l'énergie ; et dans quelques cas précis, je n'en avais ni la volonté ni le cœur. Toujours est-il que j'ai gardé une certaine distance, ce qui m'a évité l'inconvénient de faire les sacrifices dont les personnes qui souffrent ont pourtant tellement besoin. Comme la plupart des gens, je ne voulais pas m'exposer à la douleur parce qu'elle menaçait de contrecarrer ma quête du bonheur.

Cette distanciation est quelquefois inévitable et même souhaitable. Dans les semaines qui suivirent l'accident, j'ai reçu des dizaines de repas, des centaines d'appels téléphoniques et des milliers de cartes et de lettres. Tous ces signes de soutien et toutes ces marques de sympathie représentaient énormément pour notre famille. Leur seule abondance indiquait à quel point les gens se souciaient de nous. Je n'avais pourtant ni le temps ni la force de m'ouvrir complètement à chacun de ces amis. Je n'avais même pas assez de place dans mon âme pour les y faire entrer tous. Je ne pouvais pas ressasser la même histoire, informer sans cesse les gens de ce que vivaient mes enfants ou expliquer continuellement la nature de mes pensées et de mes sentiments au cours des semaines et des mois difficiles qui suivirent l'accident. La grande majorité des personnes qui avaient pleuré pour nous et avec nous durent retourner à leur vie routinière, dans mon intérêt comme dans le leur. Je dus limiter le nombre de visiteurs et mettre un frein à l'aide qui nous était offerte. Je pris une fois le temps, lors d'une classe de l'école du dimanche pour adultes dont j'étais le moniteur, de dire à des amis et à des personnes qui m'apportaient leur appui comment ma famille et moi gérions le traumatisme de la tragédie et y trouvions un sens. Tous voulaient savoir et méritaient de savoir, mais je ne pouvais pas m'adresser à chacun d'eux individuellement. Il était donc normal qu'un effet filtrant diminue drastiquement le nombre des gens qui constituaient ma communauté intime.

La seconde raison qui explique pourquoi la souffrance ne crée pas automatiquement une communauté est liée à la nature privée et parfois humiliante de plusieurs pertes. Dans mon cas, la perte était connue de tous et la réaction, extrêmement sympathique. C'est souvent le cas de tragédies semblables à la mienne. Pourtant, certaines pertes, attribuables aux sévices sexuels ou à l'infertilité, appartiennent à la sphère privée. La plupart des gens n'en ont pas connaissance ; et s'ils en ont, elle est tellement limitée qu'ils réagissent de façon maladroite aux signes comportementaux qui peuvent se manifester. Alors, au lieu de soutenir ces gens blessés, ils prolongent et aggravent leurs souffrances, parfois en dépit d'eux-mêmes, par leur ignorance ou leur insensibilité.

J'entends encore les conseils donnés à Lynda pendant ses nombreuses années de lutte contre l'infertilité. Destinés à aider, ils finissaient par être blessants : « Détends-toi, et tu tomberas enceinte » ; « Le Seigneur retient cette bénédiction jusqu'à ce que tu sois prête » ; « As-tu essayé telle méthode ? » ; « Plus tu es obligée d'attendre, plus le bébé te sera précieux. » Ces paroles lassaient Lynda. Elle souhaitait que les gens l'écoutent avec sensibilité ou, mieux encore, qu'ils s'occupent de leurs propres affaires. Les banalités n'étaient qu'un maigre substitut de compassion. Ces amies prêtaient peut-être foi à leurs propres conseils, comme s'ils incarnaient une sagesse ancestrale transmise fidèlement de génération en génération. Il se peut aussi qu'elles débitaient des conseils auxquels elles ne croyaient pas elles-mêmes, parce qu'elles ne pouvaient supporter le silence affligé de Lynda et qu'elles se sentaient obligées de dire quelque chose pour la réconforter. Elles supposaient que des paroles, même insipides, feraient l'affaire. En somme, elles faisaient du bruit, mais le silence aurait été plus utile et plus sage.

D'autres types de pertes, comme le divorce, la maladie en phase terminale, les handicaps et le chômage de longue durée incluent des aspects désagréables qui éloignent ou repoussent les gens ; ceux-ci font alors entendre leurs critiques au lieu de témoigner leur sympathie, étalent plus leur peur que leur compréhension. Le divorce, par exemple, pousse souvent les gens à prendre position. Il divise les communautés, oppose des amis et exaspère de potentiels soutiens qui se lassent des conflits et sont déçus quand deux adultes semblent ne pas pouvoir ni vouloir aborder leurs différends. Les gens qui demeurent loyaux sont souvent ceux qui sont le moins enclins à faire preuve de discernement et à donner les sages conseils dont une personne divorcée aurait besoin. Ils ont plutôt tendance à abonder dans le sens de l'intransigeance de leur ami, à partager ses griefs et à encourager son désir d'indépendance et son opiniâtreté.

De même, des pertes comme la maladie en phase terminale, le SIDA et l'infirmité effraient souvent. Les gens qui côtoient les personnes portant la marque de ces pertes se demandent s'ils ne risquent pas d'être contaminés. Ils ont un mouvement de recul devant la personne qui perd ses cheveux, du poids, sa beauté ou sa prestance. Ils se sentent mal à l'aise dans les hôpitaux et le silence les embarrasse, car ils ne savent pas quoi dire. Ils se tiennent donc à distance, désireux d'aider, mais redoutant leur propre vulnérabilité. Ils sont désemparés par la maladie ou l'infirmité, et effrayés par le rappel sinistre que pareille catastrophe pourrait tout aussi bien leur arriver. Ils reculent devant la douleur des autres parce qu'elle menace d'ébranler le système de défense qu'ils ont solidement échafaudé contre leurs propres pertes. Ils protègent leur ego qui refuse d'affronter leur propre nature mortelle.

Ma première rencontre avec la mort en tant que jeune pasteur me rappelle combien il est facile de reculer devant l'odeur et la laideur des personnes qui passent de vie à trépas. Lorsque je vis pour la première fois un vieillard mourant dans son lit, je me rappelle m'être dit : « Mon Dieu, il a l'air terrifiant ! Qu'est-ce que je fais ici ? » Je priai pour lui et sortis de la chambre aussi vite que possible. Je me sentais mal à l'aise en présence de ce moribond. Il représentait pour moi un monde étranger et menaçant. La mort était trop proche, trop palpable, trop odieuse – une visiteuse silencieuse et sinistre dans la chambre. Je cherchais désespérément à fuir, car elle m'étouffait par sa présence oppressante.

Dans un chapitre précédent, j'ai déjà évoqué mon ami Steve devenu tétraplégique. Il me dit qu'après son accident, la plupart de ses amis le laissèrent graduellement tomber pour toutes sortes de raisons. Certains ne voulaient pas prendre le temps ni faire l'effort d'être avec lui. D'autres se sentaient mal à l'aise et gauches en sa présence. Tous ne savaient pas quoi dire ou reculaient devant la menace implicite que son infirmité représentait pour eux. Si un tel malheur lui était arrivé, il pouvait également les frapper, eux. Le corps immobile étendu devant eux n'était pas le Steve qu'ils avaient connu autrefois ou qu'ils voulaient revoir. Puisque leur ancien ami était parti, ils ne voulaient plus rendre visite à l'infirme. Après l'accident, Steve perdit ainsi tout son entourage à l'exception d'un cousin qui lui est resté fidèle jusqu'à ce jour.

La solidarité ne se crée pas spontanément, sauf dans de rares cas où les conditions sont réunies. Même les circonstances uniques d'une perte catastrophique ne suffisent pas à créer la solidarité. Lorsque des personnes qui ont subi une perte voient se créer un réseau de solidarité autour d'elles, c'est parce qu'elles-mêmes et les autres ont délibérément agi dans ce but.

La solidarité requiert avant tout un engagement volontaire de la part de ceux qui veulent tisser des liens solidaires avec leurs amis souffrants. Ils doivent consentir à se laisser changer par la perte d'autrui, quand bien même celle-ci n'aurait eu aucun effet direct sur eux. Pour être de bons consolateurs, il faut éprouver de l'empathie, accepter de s'adapter et parfois consentir d'énormes sacrifices. Les bons consolateurs doivent être prêts à s'approprier la douleur d'autrui et à se laisser transformer par elle. Après une telle décision, ils ne seront plus jamais les mêmes. Leur univers sera durablement modifié par la présence de celui qui souffre. Cette présence mettra fin à tout détachement, à l'envie de maîtriser la situation et à la recherche des avantages. Elle les empêchera une fois pour toutes de considérer le monde comme un lieu sûr habité des gens agréables, dans lequel on fait des expériences heureuses et on bénéficie de circonstances favorables.

Que de fois j'ai entendu cette même remarque de la part de mes amis les plus proches : « Jerry, tu ne peux savoir à quel point ton expérience nous a transformés ! » Ils ont évoqué l'incidence de la tragédie sur leurs relations, leurs priorités et leur quête du sens de la vie. Ils sont changés parce qu'ils ont décidé de s'impliquer et de laisser ma souffrance devenir la leur. Ils ont refusé de m'imposer un délai d'un mois ou d'une année pour que je reprenne la vie comme elle était autrefois. Sachant que la vie ne serait plus jamais la même pour moi, ils ont accepté qu'elle ne soit plus la même pour eux non plus.

John avait à peine deux ans lors de l'accident. En un instant, il a eu le fémur brisé, sa maman est morte et son père a été plongé en plein désarroi. Son univers a été bouleversé comme s'il avait été pris dans un tourbillon. Chaque jour, Ron et Julie, de chers amis de l'université, me rendirent visite à l'hôpital. Ils me demandèrent un jour si je savais qui s'occuperait de John lorsque je serais sur mon lieu de travail. Avant même que j'aie pu répondre, Julie proposa d'être la mère d'adoption de John en précisant qu'elle le serait aussi longtemps qu'il le faudrait. Je m'opposai d'emblée à cette solution. Elle balaya cependant toutes mes objections par des réponses convaincantes et une fermeté toute maternelle. C'est ainsi que depuis trois ans, Julie prodigue journellement des soins à John. Ron met également la main à la pâte. Julie s'est aussi rendue à certaines de ses activités préscolaires. Elle a emmené John chez le docteur quand cela m'était impossible. Elle l'a incorporé dans sa famille et lui a accordé une attention particulière. Elle n'a cependant pas insisté pour que John l'appelle « maman » ; elle a, au contraire, entretenu et honoré le souvenir que John avait de sa mère. Le service sacrificiel de Julie pour John et pour moi a eu des effets inestimables. Je suis persuadé que les dispositions heureuses et le sentiment de sécurité de John sont en grande partie le résultat de l'investissement considérable de cette femme.

Après l'accident, quelques hommes de l'université et de la collectivité décidèrent de se réunir avec moi une fois par semaine, pour m'entourer et me soutenir ; je les rencontrais également à d'autres moments de la semaine. Voilà maintenant trois ans que nous nous réunissons et cela fait déjà longtemps que le groupe ne se limite plus à mes besoins de veuf attristé. Mes collègues dans le service où j'enseigne m'entourent de leur touchante affection ; nous formons jusqu'à ce jour le groupe le plus uni de personnes avec qui j'ai exercé ma profession. D'autres collègues m'ont encouragé à réaliser mes aspirations professionnelles, malgré le nombre limité d'heures dont je dispose pour mon travail. Des amis m'ont accueilli dans le groupe social auquel j'appartenais lorsque j'étais marié.

Par-dessus tout, Diane et Jack, ma sœur et mon beau-frère, qui ont été mes meilleurs amis pendant des années, m'ont aidé à m'ajuster à ma vie de parent seul, à fixer de nouvelles règles de vie dans mon foyer et à envisager l'avenir. La première année après l'accident, nous avons passé des centaines d'heures au téléphone, et nous nous téléphonons encore deux ou trois fois par semaine. Ils m'ont prodigué des conseils inestimables sur la manière d'élever mes enfants et m'ont fait des suggestions innovantes pour gérer mon foyer plus efficacement. Ils ont aussi médité avec moi pour m'aider à trouver un sens à la tragédie et comprendre la perte à la lumière de notre foi. Bon nombre d'idées contenues dans ce livre ont d'abord fait l'objet de discussions avec eux.

J'ai aussi découvert l'Église sous son meilleur jour. J'étais membre de la Première Église presbytérienne lorsque l'accident s'est produit. Les membres de l'Église se rangèrent immédiatement de mon côté. Ils ont promptement comblé notre famille de nourriture et d'attention, et au fil du temps, ils m'ont soutenu dans notre perte. Et pas seulement la nôtre. Ma tragédie était devenue tellement publique qu'elle aida plusieurs membres de l'assemblée à faire face à leurs propres pertes, que certains avaient enfouies ou ignorées pendant des années. J'ai vu des Églises rater leur vocation, comme c'est aussi le cas de beaucoup de gens. Bon nombre d'Églises sont remplies d'hypocrites, de bigots et de chrétiens tièdes, ce qui ne devrait surprendre personne. Malgré tout, j'ai trouvé mon assemblée chrétienne compatissante et loyale. J'ai pris le risque de lui donner l'occasion d'exprimer concrètement ses valeurs chrétiennes ; elle l'a saisie en venant à mon secours et à celui de ma famille.

En somme, après l'accident, j'ai continué à faire partie des collectivités auxquelles j'appartenais avant. Elles m'ont entouré dans mon deuil, dans ma reconstruction et dans ma transformation. Leur engagement loyal m'a dispensé de devoir me créer un autre cercle d'amis. Leur fidélité m'a fourni la stabilité et la continuité des relations qui m'étaient nécessaires pour aborder l'obscurité et trouver une vie nouvelle après la perte. Je me suis lamenté *avec* ces amis ; je l'ai également fait *à cause* d'eux, car leur présence à mes côtés me rappelait le passé que j'avais perdu. J'ai aussi grandi *grâce à* eux, car ces amis m'ont procuré la stabilité et l'intimité dans un univers qui s'était écroulé. Ils m'ont rendu la vie à la fois pire et meilleure en me rappelant ce qu'elle était autrefois et en me poussant à découvrir ce qu'elle pouvait devenir après l'accident.

Le fait de continuer de vivre dans la même maison eut le même effet. Au début, ce ne fut pas facile de vivre dans le même espace familier, de dormir dans le même lit, de regarder les centaines d'objets – tableaux, albums, objets décoratifs, livres, affiches et tout le reste – qui réveillaient les souvenirs de la vie antérieure à l'accident. Toute la maison me rappelait l'absence de Lynda et de Diana Jane. Je souffrais le martyre chaque fois que j'ouvrais la porte et j'entrais, comme un homme mourant de faim qui respire l'odeur de son plat préféré sans pouvoir y goûter. En même temps, cet environnement créa un cadre familier dans lequel les enfants et moi avons pu cultiver notre nouvelle identité de famille à quatre. Notre maison devint un laboratoire d'expériences et de découvertes. Elle a été témoin de nos nombreuses lamentations, mais elle nous a aussi aidés à grandir.

Un peu plus d'un an après l'accident, j'ai décidé de passer le week-end de la fête de l'Action de grâces à la maison au lieu d'aller rendre visite à des membres de notre famille à l'autre bout de l'État. Cette année-là, l'hiver a été précoce, ce qui nous a contraints de rester à la maison ; par ailleurs, j'avais sombré dans une profonde dépression lors du premier anniversaire de l'accident. Elle n'avait fait qu'accentuer le sentiment de vide et d'isolement que je ressentis durant ces quatre jours passés à la maison, quatre jours qui ont semblé se prolonger en années. Malgré tout, à quatre, nous avons passé de merveilleux moments ensemble. Nous nous sommes sentis bien en famille pour célébrer à quatre cette grande fête nationale. Nous avons concocté de bons plats et beaucoup joué. Pourtant, ce long week-end m'a fait la même impression qu'un arbre tombé sur ma poitrine. J'étais tellement oppressé par la tristesse que j'éprouvais du mal à respirer. Cette expérience m'a toutefois aussi démontré que nous pouvions passer de bons moments ensemble, même à l'occasion de fêtes et de vacances. Ce furent les jours fériés les plus pénibles que j'ai dû affronter, mais également les plus libérateurs.

L'expérience de la solidarité m'a appris encore une autre leçon. Il ne faut pas seulement que les personnes qui désirent apporter réconfort et consolation à ceux qui sont dans la peine le fassent réellement, il faut également que ceux qui en ont besoin décident de les recevoir. Pour cela, ils doivent s'attaquer avec courage à leur obscurité, acquérir de nouvelles aptitudes et cultiver la réciprocité dans les relations. En d'autres mots, ils doivent, autant que faire se peut, prendre les rênes de leur vie malgré leur détresse et leur abattement. C'est grâce aux aimables encouragements d'amis que j'ai appris cette leçon. Ils m'ont incité à faire des choix sages dans ma perte. Ainsi, Ron, Julie et moi-même avons fixé des limites claires pour m'empêcher de les exploiter et les empêcher de nourrir du ressentiment envers moi. Julie et moi avons établi un calendrier concernant son engagement auprès de mes enfants, et j'ai embauché Monica à temps partiel comme bonne d'enfants. Elle avait également comme responsabilité de garder le dernier des enfants de Julie pendant que celle-ci travaillait de soirée en tant qu'infirmière diplômée et que Ron travaillait à l'université.

Susan, une bonne amie, m'a proposé de conduire Catherine et David à l'école et de les ramener à la maison ; elle me rend ce service inestimable depuis trois ans. Dès que je l'ai pu, je me suis intégré dans le service du covoiturage, et, au cours des trois années écoulées, j'ai entraîné son fils au football. Mon désir d'assumer le plus de responsabilités possible m'a obligé à acquérir des compétences de gestionnaire et à administrer sagement mon temps pour que notre vie familiale se déroule paisiblement.

Certes, cela n'a pas toujours été le cas ! Il m'est arrivé trop souvent de servir du poulet trop grillé au repas, de manquer quelques répétitions, d'être en retard pour des entraînements, d'oublier de donner un casse-croûte pour l'école. Une fois, je donnais un cours à une cinquantaine d'étudiants universitaires quand il me vint soudain à la mémoire que j'avais oublié d'aller chercher Catherine à l'école pour la conduire à un concert important. Cela aurait été moins grave si nous avions simplement dû assister au concert. Mais ce jour-là, Catherine devait chanter, étant l'une des trois premières sopranos. Cela signifiait que son absence serait remarquée de tous, et notamment du chef de chœur. Je sortis en hâte de la salle de cours et téléphonai à l'école. Trop tard ! Nous avions raté toute la représentation. Plus tard, je présentai toutes mes excuses au directeur, mais elles ne furent pas d'un grand secours pour les filles qui avaient dû chanter sans Catherine.

Peu après l'accident, j'ai aussi pris conscience que j'avais une autre responsabilité importante à exercer. Je devais assumer le rôle d'interprète de mon expérience auprès de la collectivité. Des amis voulaient m'écouter et étaient prêts à témoigner de leur compassion ; mais ils voulaient aussi apprendre, réfléchir à la nature universelle de la souffrance et lui donner un sens dans le contexte de leur vie. Nous avons ainsi formé un groupe de réflexion. J'ai exprimé plusieurs fois à ces amis ma reconnaissance pour leur intérêt compatissant ; et ils m'ont dit leur gratitude pour l'occasion que je leur avais offerte de trouver un sens à leur vie grâce à mon expérience de la souffrance. Pour leur part, ils ont été ouverts au changement ; quant à moi, j'ai accepté d'assumer ma responsabilité. Ils n'ont jamais eu l'impression d'être manipulés ou exploités, et moi, je n'ai jamais senti de condescendance ni de pression de leur part. Nos relations ont vraiment été caractérisées par la *réciprocité*. Chacun y a mis du sien et chacun en a tiré profit.

Au bout du compte, nous avons gagné de l'amour. Nous avons appris à aimer plus profondément. Ce fut particulièrement – mais pas seulement – vrai pour moi. J'avais d'abord hésité à courir le risque d'aimer de nouveau. Par un réflexe protecteur, j'avais plutôt envie de tourner le dos à tout le monde, même à ma propre famille. Mon expérience m'a enseigné que la perte réduit l'être humain à un état de brisement et de vulnérabilité presque total. Je ne sentais pas seulement la douleur vive ; j'*étais* un écorché vif. J'étais par conséquent en général le bénéficiaire de l'amour et de l'amitié. Il me fallut un jour décider d'être aussi un donneur et pas seulement un receveur d'amour au sein de ma collectivité.

Ce ne fut pas une décision facile à prendre. Elle ne l'est d'ailleurs jamais. Il est normal que les gens soient prudents dans le don de leur amour, car ils craignent de faire une nouvelle expérience de perte. Quel individu sensé voudrait à nouveau ressentir la douleur d'une nouvelle perte ? L'amour vaut-il la peine de courir ce risque ? Est-il même possible d'aimer après une perte tout en sachant que d'autres pertes suivront immanquablement ? Je me suis souvent dit combien le désastre de perdre un autre de mes enfants serait affreux, surtout maintenant que j'ai tellement investi en eux. Cette seule pensée me terrifie. Je ne peux pourtant pas imaginer un seul instant ne pas les aimer, ce qui me serait encore plus épouvantable que de les perdre.

Le risque d'une nouvelle perte pose donc un dilemme. Décider *d'aimer de nouveau*, c'est décider de vivre sous la menace constante d'une nouvelle perte. Mais choisir *de ne pas aimer*, c'est décider de compromettre la vie de l'âme, car celle-ci ne s'épanouit que dans un environnement d'amour. Les gens qui ont l'âme épanouie aiment ; ceux dont l'âme est desséchée n'aiment pas. Ceux qui veulent que leur âme se développe en traversant la perte, quelle qu'elle soit, doivent en définitive faire le choix d'aimer encore plus qu'avant. Ils doivent réagir à la perte par un amour plus énergique et plus engagé.

Tel fut le choix que je dus faire de toute façon. Ce choix concernait en premier lieu mes enfants qui avaient grand besoin d'un parent capable de les aimer dans leur traversée de la tragédie. J'ai compris peu après l'accident que la manière dont mes enfants percevraient cette catastrophe et y réagiraient dépendrait en partie de mon amour paternel pour eux. Environ six mois après l'accident, je reçus un appel téléphonique d'une inconnue qui voulait me parler au sujet de la mort de sa mère. Ce fut le seul entretien que nous avons eu. Je ne me rappelle même plus le nom de cette personne. Elle me dit qu'elle avait dix ans à la mort de sa mère. À vingt ans, elle commença à suivre une thérapie de relation d'aide, et ce, par intermittence pendant six ans. Ma réaction spontanée fut la colère et la crainte. Je me demandai pourquoi elle m'avait téléphoné si la seule information qu'elle avait à me fournir était si démoralisante. Elle m'expliqua ensuite la raison pour laquelle elle avait consulté un spécialiste. Ce n'était pas, comme je l'avais supposé, pour gérer la disparition de sa mère, mais pour bien réagir à la perte de *son père* qui était toujours en vie. Celui-ci avait réagi à la mort de sa femme en s'éloignant affectivement de ses enfants. Bien que la famille ait continué de vivre sous le même toit, le père avait pris ses distances émotionnelles et s'était rendu inaccessible à ses enfants. C'était *cette* réaction paternelle à la perte qui avait été particulièrement dévastatrice pour la jeune femme, parce qu'elle subissait la perte d'une personne encore vivante, qui aurait pu l'aimer, mais qui avait choisi de ne pas le faire.

Je considérai cet appel téléphonique comme un vrai cadeau. Il me rappela l'occasion et le privilège que j'avais d'être un père pour trois enfants traumatisés et perplexes. Je ne voulais absolument pas qu'une perte – la mort d'une mère – entraîne une autre perte tout aussi insupportable – celle d'un père toujours vivant. Il y avait déjà eu assez de destruction comme cela. Je ne voulais pas y ajouter en m'éloignant de mes enfants et en les privant de l'amour dont ils avaient besoin. Je voulais triompher du mal en faisant le bien.

J'ai compris alors, comme aujourd'hui, que l'amour comporte une dimension inquiétante, surtout après une perte. Si la perte augmente notre capacité d'aimer, l'augmentation de celle-ci accroîtra le ressenti de notre souffrance lorsque la perte nous frappera de nouveau. Il n'existe pas de solution simple à ce dilemme. Décider de prendre ses distances avec les gens dans le but de se protéger rétrécit l'âme ; décider d'aimer plus ardemment qu'avant, c'est courir le risque certain de souffrir de nouveau, car le choix d'aimer exige le courage de se lamenter. Nous savons que la perte n'est pas une expérience qui ne se produit qu'une fois dans la vie. C'est pourquoi nous redoutons naturellement les pertes qui se profilent à l'horizon. La plus grande perte n'est toutefois pas la souffrance liée à une nouvelle perte, mais le refus d'aimer de nouveau, car il peut aboutir à la mort de l'âme.

Il faut beaucoup de courage pour aimer quand on est soi-même brisé. Je me demande cependant si l'amour n'est pas plus authentique lorsqu'il jaillit du brisement. Celui-ci nous contraint à trouver une source d'amour extérieure à nous-mêmes. Cette source n'est autre que Dieu dont la nature essentielle est l'amour. L'association du brisement et de l'amour pourrait paraître paradoxale, mais je crois personnellement qu'ils vont ensemble.

Au cours des trois dernières années, j'ai fait des rencontres merveilleuses. Elles revêtaient le plus de signification lorsque nous avions la souffrance en commun. Un ami de l'université assiste impuissant au traitement que suit sa femme pour un cancer du sein depuis un an. Le drame que j'ai vécu et son souci pour sa femme ont tissé entre nous une solide amitié. Un employé de l'université vient d'apprendre récemment qu'il est atteint du cancer. Là encore, nos conversations ont fait vibrer des cordes sensibles en chacun de nous. Il y a peu de temps, je me suis entretenu avec une dame de notre Église ; elle est atteinte du SIDA contracté lors d'une transfusion sanguine. Elle a encore de jeunes enfants et se fait du souci pour eux ; elle aime son mari et a de la peine pour lui. Nous avons discuté de la nature particulière de nos circonstances. Nous avons cherché une signification à nos épreuves respectives et nous nous sommes efforcés d'y trouver un sens. Quelle émotion pour moi d'écouter son histoire et de lui raconter la mienne !

Depuis l'accident, mon estime d'autrui a considérablement augmenté, alors que je ne me suis jamais senti moi-même aussi fragile et démuni. Ma perte a uni le brisement et l'amour. Le brisement m'a incité à aimer, et j'ai découvert une source d'amour que je n'aurais jamais pu trouver en moi. Je l'ai trouvée chez les autres et dans le Dieu qui crée et donne un sentiment d'appartenance aux gens brisés comme moi.

chapitre 14

La nuée de témoins

Les galaxies sont en mouvement, les dinosaures
se reproduisent, la pluie tombe, les gens tombent
amoureux, les vieux oncles fument des cigares bon
marché, les gens perdent leur emploi, et nous
mourons tous – tout cela dans notre intérêt,
le produit fini, le chef-d'œuvre de Dieu,
le royaume des cieux.
À l'exception de l'enfer, il n'y a rien qui soit
extérieur au ciel. La terre n'est pas extérieure
au ciel ; elle est l'atelier du ciel, la matrice du ciel.

Peter Kreeft

Lynda aimait beaucoup la musique de J. S. Bach, et elle écoutait souvent des enregistrements de ses œuvres chorales et de ses compositions pour orgue. Ce n'était pas simplement la musique de ce grand compositeur qui la touchait, mais aussi les raisons qui avaient incité Bach à écrire ses œuvres. À la fin de chacune de ses œuvres, il signait : « À la gloire de Dieu ». Bach tirait son inspiration de sa foi chrétienne et de la Bible. Bon nombre de ses œuvres chorales s'inspirent de textes bibliques et sont écrites pour l'Église. Il témoignait de sa foi par la musique qu'il écrivait. Au cours des trois dernières années, sa musique m'a convaincu de la véracité de la foi qui animait la vie de Bach et pour laquelle je m'efforce de vivre actuellement.

La Bible parle d'une grande « nuée de témoins[1] », dont certains ont connu des pertes semblables à celles que nous subissons aujourd'hui, et qui sont morts bien avant nous. Ils ont fait confiance à Dieu dans leurs afflictions, l'ont aimé de tout leur être, et lui ont obéi même lorsque l'obéissance exigeait le sacrifice et aboutissait à la mort. Cette distribution – dont font partie Job et Joseph que j'ai déjà mentionnés – m'a aidé à croire. Leur exemple m'a poussé à aller de l'avant, leurs chants ont remué en moi des émotions que j'ai dû reconnaître et auxquelles j'ai dû prêter attention, leurs poèmes m'ont communiqué un langage adapté à l'expression de mes plaintes, de ma peine et de mon espérance, et leurs convictions m'ont aidé à décider de ce qui était le plus important dans la vie. Leurs récits m'ont donné une vision d'ensemble. Je ne sais pas ce que j'aurais fait ni comment je m'en serais tiré sans les histoires de ces personnes qui ont lutté et triomphé, tout comme moi-même je lutte aujourd'hui avec l'espoir de triompher à mon tour. Grâce à eux, je sais que je ne suis qu'une personne parmi les millions d'autres qui, bien qu'écrasées par la souffrance, croient cependant que Dieu est toujours Dieu.

La grande nuée de témoins inclut beaucoup plus de personnages que ceux mentionnés dans la Bible, même si ceux-ci jouent de toute évidence un rôle clé pour nous montrer qui est Dieu et comment lui faire confiance, même au plus fort de la souffrance. Durant les années écoulées, toutes sortes de personnes et de récits ont été pour moi et pour mes enfants une source d'inspiration.

La musique a apaisé mon âme. Depuis l'accident, j'ai assisté à des concerts de la *Passion selon Saint Matthieu* et de la *Messe en si mineur*, de J. S. Bach. Ils m'ont rappelé le pouvoir qu'a la musique de faire vibrer les endroits les plus profonds du cœur humain. J'ai découvert le *Requiem* de Gabriel Fauré plusieurs mois après l'accident. Le requiem est une messe pour les morts ; au cours de sa célébration, on demande à Dieu d'accorder le « repos éternel » aux âmes des défunts et de les délivrer de « la mort éternelle ». Le *Requiem* de Fauré inclut une dernière partie qui, par son effet descriptif du paradis et sa musique sublime, me fait ardemment aspirer à entrer au ciel. Dans les mois qui suivirent l'accident, j'ai écouté presque chaque soir de la musique comme celle de Fauré et de Bach, souvent jusqu'aux premières heures du jour. Elle calmait l'angoisse de mon âme et me procurait la paix.

Des poètes m'ont fourni des métaphores et des images me permettant de comprendre et d'exprimer mon chagrin. Un étudiant me remit un jour un exemplaire d'un poème écrit par un puritain après le décès d'un de ses enfants. Les mots par lesquels le poète donnait libre cours à sa tristesse m'ont aidé à exprimer la mienne. Un collègue m'envoya une copie du poème de William Blake, *Can I See Another's Woe* (*Sur la tristesse d'autrui*), qui analyse l'expérience humaine de la souffrance à la lumière de la souffrance de Dieu.

Puis-je voir le malheur d'autrui, et ne pas en être attristé ?
Puis-je voir la douleur d'autrui, et ne pas chercher à la soulager ?

Puis-je voir une larme tomber, et ne pas sentir ma part de douleur ?

Un père peut-il voir son enfant pleurer sans être lui-même rempli de pleurs ?

Une mère peut-elle rester assise et entendre un enfant se plaindre ou exprimer sa peur ?

Non, jamais ! C'est impossible ! Totalement impossible !

Et celui qui rit de tout peut-il entendre le roitelet et ses petits soucis,

L'inquiétude du petit oiseau, les plaintes du nouveau-né

Sans insuffler de la compassion dans leur gorge et s'asseoir à côté du nid,

Sans s'assoir près du berceau et s'apitoyer sur les larmes du bébé,

Sans s'asseoir nuit et jour pour sécher toutes nos larmes ?

Non, jamais ! C'est impossible ! Totalement impossible !

Il donne de la joie à tous ; il se fait petit enfant ;

Homme de douleur, il éprouve lui aussi le tourment.

N'imagine pas que tu puisses soupirer sans que ton Créateur soit près de toi ;

N'imagine pas que tu puisses verser une larme sans que ton Créateur la voie ;

Pour anéantir notre tristesse, il nous donne sa joie ;

Aussi longtemps que notre peine n'a pas disparu, il reste assis à nos côtés et gémit.

(Traduction libre)

J'ai lu des livres et des journaux intimes qui étudient la relation entre la foi et la souffrance. Dans son journal intime, Thomas Shepherd note, après la mort de sa femme, l'ambivalence que je ressentais moi-même à l'époque. Et pourtant, il consigna ses réflexions il y a plus de trois cents ans. Dans un paragraphe, Shepherd indique ce que sa foi le contraint à croire, à savoir que la vie sur terre est éphémère et pleine de chagrins, et que la vie véritable nous attend au ciel. Il reconnaît que parfois les saints souffrent parce qu'ils ont besoin de la correction et de la grâce de Dieu. Mais il conclut : « J'appartiens au Seigneur, et il peut faire de moi ce qui lui plaît. Il m'a appris à estimer une petite grâce acquise par une croix comme une récompense suffisante pour compenser toutes les pertes. » Dans le paragraphe suivant, il décrit néanmoins avec une profonde tendresse et beaucoup de soupirs les qualités remarquables que possédait sa femme et la vie merveilleuse qu'ils menaient ensemble. C'est précisément parce qu'elle était une femme supérieure que sa disparition fut tellement dévastatrice.

> Cette perte fut considérable. C'était une femme d'une douceur incomparable, notamment à mon égard ; elle débordait d'amour, faisait preuve d'une grande prudence dans la gestion de mes affaires familiales ; elle n'était ni dépensière ni négligente en quoi que ce soit, si bien que je ne savais pas ce qu'elle entreprenait... Elle était animée d'un esprit de prière bien supérieur à celui de son temps et de son expérience. Elle était prête à mourir bien longtemps avant qu'elle ne meure...

Shepherd croyait à la souveraineté de Dieu et à la promesse du ciel, ce qui ne l'empêcha pas de pleurer la perte de la vie agréable qu'il avait eue sur la terre. Son journal se fait l'écho d'une parole écrite par un autre puritain après la mort d'un être cher : « Désormais, la vie sera un peu moins douce, la mort un peu moins amère. »

Cette nuée de témoins inclut des gens d'autres cultures qui ont continué de croire malgré leur souffrance ou peut-être à cause d'elle. J'ai lu des récits de catholiques romains courageux qui, en Amérique latine, ont résisté à l'oppression et l'ont payé de leur vie. J'ai rencontré une Chinoise qui fut condamnée à travailler plusieurs années sur une ferme collective, pour la simple raison qu'elle était chrétienne. J'ai assisté aujourd'hui à la rencontre d'un comité à laquelle Jenny, une des membres, a emmené un garçon colombien de deux ans qu'elle intégrera dans sa famille pendant huit mois, dans le cadre du programme « Healing the Children » (Soigner les enfants). L'enfant est venu aux États-Unis pour y recevoir des soins médicaux destinés à corriger de nombreuses malformations congénitales. Jenny et sa famille partagent de la sorte la souffrance du garçonnet. Eux et bien d'autres saints font partie de cette même nuée de témoins. Ils ont connu des circonstances bien plus terribles que les miennes ; ils les ont endurées et en ont triomphé. Ils me rappellent quotidiennement que je ne suis pas seul et que j'appartiens à la grande famille des gens qui souffrent. Or, cette famille transcende mon espace géographique et mon époque. Je suis reconnaissant d'en faire partie et d'apprendre des membres qui la composent.

Ils m'encouragent à croire et me poussent à me mettre au service d'un monde qui croupit dans une grande misère. Il n'est pas étonnant que la perte incite parfois des personnes à se sacrifier pour une cause plus grande. Elles savent à quel point une perte est douloureuse. En voyant d'autres souffrir, elles agissent par compassion pour soulager leur douleur et pour opérer des changements. La fondatrice de MADD (Mothers Against Drunk Drivers [Lutte des mères contre les chauffards ivres]) a perdu un enfant dans un accident causé par un chauffeur ivre. Le fondateur de Prison Fellowship, une organisation qui vient au secours des prisonniers et de leurs familles, a lui-même passé un certain temps derrière les barreaux. Les gens à la tête du mouvement pour l'érection d'un monument aux morts de la guerre du Vietnam, à Washington, D. C., étaient eux-mêmes des vétérans de cette guerre ou des proches des soldats morts au combat. Certains des meilleurs thérapeutes que je connais ont grandi dans des foyers dysfonctionnels. Les gens les plus secourables ont souvent connu eux-mêmes la souffrance et ont fait de leur douleur une motivation pour se mettre au service d'autrui.

Mes enfants ont trouvé une nuée de témoins comparable pour les aider à faire leur deuil et à reprendre espoir. Une étudiante universitaire prit contact avec Catherine après l'accident pour évoquer avec elle la mort de sa propre mère lorsqu'elle avait l'âge de Catherine. D'autres personnes, qui nous étaient parfois totalement inconnues, nous envoyèrent des lettres pour nous raconter leurs histoires de perte et la croissance qui en avait résulté. Les enfants lurent des livres ou virent des films qui traitaient d'une manière ou d'une autre du thème de la perte. Après l'accident, John me demanda des dizaines de fois de lui lire l'histoire de *Bambi*. Il m'obligeait à marquer une pause chaque fois que j'arrivais au récit de la mort de la maman de Bambi. Parfois, il ne disait rien, et nous restions tous les deux assis tristement en silence. À d'autres moments, il fondait en larmes. Il faisait un parallèle entre l'histoire de Bambi et la sienne. À plusieurs reprises, il me dit : « Bambi aussi a perdu sa maman », avant d'ajouter : « Et Bambi est devenu le prince de la forêt. » David, lui, manifesta un grand intérêt pour l'histoire biblique de Joseph. Quant à Catherine, elle trouva de la consolation dans le film d'animation de Walt Disney, *Belle et la Bête*, parce que Belle, le principal personnage, avait grandi sans mère et, comme Catherine le faisait remarquer, elle était devenue indépendante, intelligente et belle.

Cette nuée de témoins inclut des hommes et des femmes de l'Écriture, des héros de l'Histoire, des poètes, des narrateurs, des compositeurs et des gens du monde entier ; tous nous disent que nous n'avons pas souffert seuls ni en vain. Ils nous rappellent que la vie transcende la perte parce que Dieu lui-même la transcende. Ils témoignent de la vérité selon laquelle la douleur et la mort n'ont pas le dernier mot ; c'est Dieu qui l'a.

Ce dernier mot dépasse le cadre de la vie sur terre ; il inclut aussi la vie au ciel, qui est la destination finale de cette grande nuée de témoins. Je songe souvent au ciel. La vie sur terre est cependant réelle et belle. J'en ai joui autrefois avec les êtres chers que j'ai perdus et j'en jouis maintenant sans eux. Mais la vie ici-bas n'est pas tout. La réalité dépasse ce que nous imaginons. Il existe une autre réalité plus vaste qui englobe la terrestre. Comme le philosophe Peter Kreeft l'a écrit, la terre n'est pas extérieure au ciel ; elle est l'atelier du ciel, sa matrice. Mes bien-aimés sont entrés dans ce ciel et ont rejoint tous ceux qui sont morts avant eux. Ils sont au ciel parce qu'ils ont cru en Jésus qui a souffert, est mort et est ressuscité pour eux. Ils vivent dans la présence de Dieu et dans une réalité dans laquelle j'aspire à entrer, mais seulement quand ce sera l'heure parfaite de Dieu.

Le livre de l'Apocalypse décrit une scène future dans laquelle Jésus lui-même accueille et restaure tous ceux qui ont souffert et sont morts. Il essuie leurs larmes et guérit leurs blessures. Puis il les reçoit dans la félicité, la magnificence et la paix de son royaume éternel[2]. Cette scène me rappelle que notre véritable patrie se trouve au ciel, même si la vie sur terre semble agréable. Le ciel est notre vraie demeure, celle où nous avons toujours souhaité nous rendre.

chapitre 15

Héritage dans un cimetière

*L'Histoire forme une seule tapisserie. Aucun
œil ne peut en saisir plus qu'une largeur
de main... Il n'existe pas de bonheur plus
grand que celui de savoir qu'on est inclus
dans un dessein.*

Thornton Wilder

Chaque fois que nous nous rendons à Lynden, j'emmène mes enfants faire un tour au cimetière où sont enterrées Lynda, Diane Jane et ma mère. J'ai le sentiment qu'ils apprécient ces visites. Nous nous entretenons ensemble des êtres chers qui nous ont quittés, nous repensons à l'accident et à ce qui s'est passé depuis, et nous discutons des diverses manières dont la vie serait différente s'ils n'étaient pas décédés. Mes enfants me disent parfois qu'ils souhaiteraient être morts dans l'accident, ce qui me paraît normal et compréhensible puisque je pense la même chose. Nous parcourons les allées du cimetière et nous nous arrêtons pour lire certaines inscriptions sur les pierres tombales. Je leur parle de la vie des personnes que j'ai connues et qui sont enterrées là ; ensemble, nous imaginons quelle vie fut la leur, comment elles ont vécu et sont mortes et qui leur a survécu pour pleurer leur disparition. Cette promenade dans le cimetière nous donne un certain sentiment d'héritage.

La notion d'héritage a toujours revêtu une certaine importance pour moi, mais jamais autant que depuis les trois dernières années. L'essentiel de ce que je suis résulte de l'héritage qui m'a été légué à la naissance. Mon histoire personnelle s'inscrit dans une histoire plus vaste que je n'ai pas choisie. On m'a confié un rôle sans me faire passer une audition au préalable. J'ai pourtant la faculté de choisir comment je veux écrire mon histoire et tenir mon rôle. Je tiens à bien écrire mon histoire et à jouer mon rôle avec autant d'intégrité et de joie que possible.

Ma mère et ma belle-mère ont perdu leurs mères respectives alors qu'elles étaient encore de petites filles. Mes enfants doivent donc endurer ce que leurs grands-mères ont connu bien des années plus tôt, lorsqu'elles perdirent leurs mères ; quant à moi, je me trouve dans la même situation que mes grands-pères ont connue il y a deux générations quand ils sont devenus veufs. Je me suis souvent demandé ce que mes grands-pères ont pu faire après la mort de leurs femmes si jeunes. Ces deux hommes ont été propulsés dans un ensemble de circonstances qui ont dû les anéantir et les pousser à la limite de leurs forces. Je me suis demandé comment ils ont géré le stress, la tristesse et les responsabilités. Ils ont dû écrire une histoire qu'ils n'avaient pas choisie. Elle est devenue leur destinée.

J'ai désormais ma propre histoire à composer, ma destinée à réaliser. Mon histoire deviendra un jour l'héritage que recevront les autres et dont ils parleront quand ils déambuleront dans les allées du cimetière et s'attarderont pour lire mon nom et mes dates de naissance et de décès sur la pierre tombale. J'ai beaucoup reçu de mon héritage et de la communauté ; je me sens désormais tenu de donner beaucoup. Je désire préserver l'héritage que ma mère m'a légué, le faire fructifier si possible et transmettre une tradition de foi et de vertu que d'autres générations souhaiteront et dont elles pourront avoir besoin. Je veux honorer la mémoire de ceux qui m'ont précédé et être en bénédiction pour ceux qui me succéderont. Ce sont les choix que je ferai et la grâce que je recevrai qui décideront si j'ai réussi dans mon entreprise et dans quelle mesure j'ai réussi.

Mes enfants ressentent encore la tristesse, et je pense qu'il en sera ainsi pour le restant de leur vie. L'autre jour, David est monté à l'étage à ma recherche, à minuit. Il était en pleurs. Il grimpa sur mes genoux et resta assis un certain temps. Puis il me dit combien il souffrait de l'absence de sa maman. Catherine me demanda récemment comment elle pourrait « devenir une femme sans maman ». John prend souvent l'album photo sur l'étagère et se regarde lorsqu'il était bébé et bambin. Il dit souvent avec un soupir : « Maman me manque. » Ces expressions de tristesse font régulièrement surface dans la maison. Elles sont aussi naturelles que le bruit, le plaisir et les accrochages. La perte est inscrite dans ce que nous sommes en tant que famille.

Les conséquences d'une tragédie ne prennent jamais vraiment fin, pas plus après deux ans qu'après dix ans ou cent ans. Ma cousine Leanna vient de subir une greffe de cellules souches comme mesure radicale pour combattre un myélome multiple. C'est un autre rappel du cours irréversible de sa vie et du terme vers lequel elle tend. Elle espère une guérison et en fait un sujet de prière, comme toute sa famille d'ailleurs, mais elle pleure quand elle songe aux difficultés des trois années écoulées et qu'elle considère son avenir incertain. J'ai récemment reçu une lettre d'Andy et de Mary qui m'informent des progrès de leur fille Sarah. Leur missive est remplie d'espoir et de gratitude. Elle fait également preuve d'un réalisme indéniable. La présence de Sarah dans leur foyer a modifié le cours de leur vie de façon permanente, et ils sont bien conscients des difficultés qu'ils auront encore à surmonter. Ils prennent conscience des conséquences de leur perte chaque fois qu'ils entendent Sarah pleurer, qu'ils la conduisent chez le médecin, paient les consultations ou envisagent l'avenir. J'ai aussi eu des nouvelles de Steve qui évoque avec reconnaissance la stabilisation de sa santé, ce qui lui permet de passer la majeure partie de ses heures éveillées dans un fauteuil roulant plutôt qu'au lit. Il utilise au maximum son temps, développant son entreprise d'imprimerie et travaillant sur son ordinateur. Il sait néanmoins que ces moments où il ne souffre pas d'escarres, de calculs rénaux et d'autres ennuis de santé sont passagers. Steve restera tétraplégique jusqu'au jour de sa mort, sauf si Dieu décide d'intervenir pour le guérir. Il affronte journellement le triste rappel de sa perte.

De même, je porterai la marque de la tragédie pour le restant de ma vie, même si elle s'estompe avec le temps. Même si je me remarie et que j'adopte des enfants, je sentirai la blessure de la perte jusqu'à ma mort. Je découvrirai pour toujours de nouvelles dimensions de la tragédie. La perte continuera d'influencer ma vie, et je ne peux qu'espérer que ce sera pour le mieux.

Il n'y a donc rien d'étonnant à ce que je ressente encore de la tristesse. Je contemple des photos du passé avec mélancolie, je songe souvent aux relations que j'aimerais encore cultiver avec les membres disparus, et leur absence me pèse chaque jour, surtout à l'occasion d'événements importants comme une partie de football, un récital de musique, les jours de congé, les périodes de vacances et les anniversaires. L'écoulement du temps a atténué le sentiment de douleur, de panique et de chaos. Mais il a également accru ma prise de conscience de la complexité et de l'étendue de la perte. Je n'ai pas encore passé « par-dessus » ; je ne m'en suis pas encore « remis ». Je voudrais que ma vie soit différente et que mes disparues soient encore en vie. J'ai cependant changé et évolué positivement.

Je ressens aussi le vide qui suit le relèvement du défi ou l'affrontement du danger désormais passés. J'ai entendu parler de vétérans de la guerre du Vietnam qui ont connu un profond passage à vide à leur retour au pays. Ils n'avaient plus besoin d'exercer la force de concentration qui leur était imposée pour survivre dans les combats. Bien que la guerre leur ait été horrible, elle les avait obligés à utiliser tous leurs sens et toute leur énergie d'une manière qui leur donnait l'impression de vivre intensément. De même, j'ai travaillé dur et longtemps pour surmonter la perte, et je me sens aujourd'hui moins énergique et moins concentré que je ne l'étais autrefois, sans pour autant être moins satisfait. Je me rends compte que le moment est venu de réorienter une partie de mon énergie. Malgré tout, il me manque la prise de conscience et la vitalité que je possédais quand il fallait tellement m'investir pour aborder les ténèbres, trouver un sens à la perte et prendre le parti de la vie dans un contexte de mort.

L'accident lui-même continue de me dérouter aujourd'hui comme au premier jour. Il en est ressorti beaucoup de bien, mais tout le bien du monde ne fera jamais de l'accident une bonne chose. Je le perçois toujours comme un événement horrible, tragique et mauvais. Un million de personnes pourraient être secourues à la suite de cette tragédie, mais cela ne suffirait pas à l'expliquer ni à la justifier. La cruauté de l'événement et les bienfaits qui en résultent sont certes liés, mais ils ne constituent pas une seule et même chose. Les derniers découlent de l'accident, mais ils ne le justifient pas et n'en font pas quelque chose de juste ou de bien. Je ne pense pas avoir perdu trois membres de ma famille *pour que* je m'améliore, que j'élève trois enfants sains ou que j'écrive un livre. Je souhaite encore le retour à la vie de mes êtres chers, et je continuerai de le souhaiter, indépendamment des résultats de leur disparition.

Cependant, le chagrin que j'éprouve est à la fois doux et amer. Mon âme est encore triste ; je me réveille pourtant chaque matin avec le cœur en joie, dans l'attente de ce que la journée va m'apporter. Je n'ai jamais ressenti autant de douleur que ces trois dernières années, mais je n'ai jamais non plus éprouvé autant de plaisir d'être tout simplement en vie et de mener une existence ordinaire. Je ne me suis jamais senti aussi brisé, et pourtant je n'ai jamais été aussi bien dans ma peau. Je n'ai jamais été aussi conscient de ma faiblesse et de ma vulnérabilité ; et pourtant, je n'ai jamais ressenti autant de satisfaction et ne me suis jamais senti aussi fort. Jamais mon âme n'a été aussi morte ; et pourtant, elle n'a jamais été aussi vivante. Ce que je considérais autrefois comme mutuellement exclusif – la tristesse et la joie, la douleur et le plaisir, la mort et la vie – fait désormais partie d'un ensemble plus vaste. Mon âme s'est dilatée.

Surtout, j'ai pris conscience de la puissance de la grâce divine et de mon besoin d'elle. Mon âme a grandi parce qu'elle a été sensibilisée à la bonté et à l'amour de Dieu. Dieu a été présent dans ma vie au cours des trois dernières années, et même mystérieusement présent dans l'accident. Il continuera de l'être tout au long de ma vie et jusque dans l'éternité. Dieu dilate mon âme, il l'agrandit et la remplit de sa présence. Ma vie est sur la voie de la transformation. Bien que j'aie connu la souffrance, je crois à une issue merveilleuse.

Lynda, Diana Jane et ma mère Grace ont connu la mort avant moi. Un jour, je mourrai moi aussi, ainsi que Catherine, David et John. Aussi longtemps que je suis en vie, je souhaite vivre aussi joyeusement, sereinement et utilement que possible. Mon héritage m'impose des valeurs que j'ai l'honneur de promouvoir.

Celui qui subit une perte catastrophique doit affronter un défi suprême : d'une part, faire face à l'obscurité de la perte, et, d'autre part, vivre avec une vitalité et une gratitude renouvelées.

Il relève ce défi en apprenant à intégrer la perte et à se laisser dilater par elle pour que sa capacité de bien vivre et de connaître Dieu intimement soit augmentée. Il est bien plus malsain de tourner le dos à la perte – et bien moins réaliste, sachant à quel point la perte peut être dévastatrice – que de puiser en elle la force de croître. La perte peut nous rabougrir, comme elle peut favoriser notre développement. Une fois de plus, tout dépend des choix que nous ferons et de la grâce que nous recevrons. La perte peut agir comme un catalyseur qui nous transforme. Elle peut nous conduire à Dieu, le seul qui possède le désir et le pouvoir de nous donner la vie.

Lynda et moi avions préparé notre mariage avec beaucoup de soins. Nous avions porté plus d'attention à la signification du mariage qu'à son décorum, ce qui était tout à fait conforme à la personnalité de Lynda qui s'intéressait davantage à la substance qu'aux apparences. Nous avions choisi un cantique : « Ô mon Sauveur, ô source intarissable ». J'ai choisi le même cantique lors des obsèques. Il résume ce que nous croyions lorsque nous nous sommes mariés, ce que je crois actuellement et ce que je continuerai de croire jusqu'à la tombe.

Ô mon Sauveur, ô source intarissable
De tout vrai bien, de douceur, de bonté !
Tu réunis dans ton Être adorable
Tous les trésors de la Divinité.

Seigneur Jésus, sois à jamais ma gloire ;
Sois mon amour, ma joie et ma douceur ;
Sois mon rempart, ma force, ma victoire,
Ma paix, mon bien, ma vie et mon bonheur.

Sois à jamais toute mon espérance ;
Sois mon secours, mon guide, mon Sauveur ;
Sois mon trésor, ma fin, ma récompense ;
Mon seul partage et le tout de mon cœur.

Épilogue

J'ai reçu des milliers de lettres, de courriels et d'appels téléphoniques depuis la parution du livre *A Grace Disguised* en 1996. La plupart des auteurs ignorent ce que les lecteurs pensent de leur écrit. Cela n'a pas été mon cas. C'est pour moi un privilège et un honneur que d'avoir bénéficié de la rétroaction de tant de lecteurs. Les auteurs des lettres font généralement état d'une perte, me remercient de les avoir aidés à traduire en mots leurs pensées et leurs émotions, et me posent parfois quelques questions. Bien que celles-ci couvrent un large éventail, il en est une qui revient très fréquemment. Curieusement, il ne s'agit pas d'une question théologique, mais d'une question humaine, pratique et déchirante : « Ma vie pourra-t-elle de nouveau être belle ? »

Je ne sais jamais que répondre. Je pourrais dire « non » et dire la vérité, aussi pessimiste qu'elle puisse paraître. La perte catastrophique est tellement dévastatrice, sa désorganisation tellement accablante et ses conséquences tellement profondes et durables, qu'il semble improbable ou impossible de retrouver de nouveau le côté agréable de la vie si nous pensons à la vie que nous menions ou souhaitions autrefois, par exemple un mariage heureux, des enfants en bonne santé ou un emploi valorisant. La perte entraîne parfois dans son sillage des dommages permanents qui font obstacle au retour à la vie agréable que nous avions ou que nous espérions avoir.

La perte que mes enfants et moi-même avons subie était manifestement irréversible. Je l'ai déjà écrit, Lynda, Diana Jane et ma mère ne reviendront plus jamais. Le bonheur qu'elles apportèrent à ma vie (et à celle de beaucoup d'autres) et le bonheur que nous partagions sont révolus à tout jamais. Je peux cependant dire sans la moindre hésitation que ma vie a été très heureuse depuis l'accident, même si ce n'est pas comme je l'avais prévu ou imaginé. Ce bonheur me surprend presque, comme si je venais d'apprendre qu'un oncle grincheux que je n'avais jamais aimé me léguait une somme d'un million de dollars. J'ai donc du mal à le comprendre et à l'expliquer. Je peux simplement dire que c'est une grâce, une pure grâce. Comment tant de bien pourrait-il provenir d'une chose aussi manifestement mauvaise en soi ?

Ce bonheur n'a rien à voir avec moi – avec mes compétences, mes vertus ou ma bonté. J'en suis fermement persuadé. Je suis aussi faillible, fragile et insensé que je l'étais il y a douze ans, peut-être même davantage. Je suis un témoin de ce qui s'est produit, pas sa cause. Je peux souligner le peu que j'ai accompli. Je n'ai ni formules ni sages conseils à donner. Je n'écrirai jamais un manuel sur ce qu'il convient de faire pour guérir de la souffrance.

Il y a des années, quelqu'un me parla d'un homme qui avait perdu sa femme d'un cancer, à l'âge de trente-huit ans. Elle laissait derrière elle six enfants âgés de trois à quinze ans. Le mari veuf décida que son principal but serait désormais d'élever ses six enfants. Pour une raison qui m'échappe, cette histoire s'est profondément gravée dans ma mémoire et m'a inspiré. Je me souviens de m'être dit : « S'il a réussi à élever six enfants, je dois pouvoir en élever trois. »

Hier soir, j'ai rencontré par pure coïncidence l'une de ses enfants lors d'une partie de basket. Elle me dit que tous les six, désormais adultes, avaient bien réussi leur vie et qu'ils portent tous leur père aux nues. Il a pris sa retraite et travaille à temps partiel dans l'Église dont un de ses fils est devenu le pasteur attitré. Je demandai à la jeune femme si son père s'était remarié. « Non, répondit-elle, il a décidé de se consacrer à autre chose, à nous en l'occurrence. » La nuit dernière, je suis resté longtemps éveillé à réfléchir à la vie de cet homme. À mon avis, il a décidé de s'investir dans la vie de ses enfants plutôt que dans la recherche de son propre bonheur. Et c'est ce qui, finalement, l'a rendu heureux. Il a, semble-t-il, pris une excellente décision. Je vais le rencontrer dans une semaine et je suis impatient. J'ai le sentiment que nous avons beaucoup de choses en commun.

J'ai compris à cet égard que je devrais modifier l'idée que je me faisais de la « vie agréable ». Ma vieille définition est devenue caduque sur une route déserte de l'Idaho en 1991. La nouvelle définition s'est forgée si graduellement et si imperceptiblement que je ne suis pas sûr de pouvoir déjà la saisir. Je sais toutefois une chose : il fallait d'abord que je laisse mourir mon ancienne définition de la vie agréable, sans avoir assez d'informations et de certitudes pour m'en forger une nouvelle. La période entre la mort de l'ancienne définition et l'apparition de la moindre idée de ce que serait la nouvelle fut difficile pour moi. Pris dans l'intervalle qui séparait une action accomplie et une autre pas encore prête à naître, j'avais le sentiment d'être dans un entracte qui ne finirait jamais.

Pendant une longue période de ma vie, rien ne m'a semblé bon. J'avais perdu ma femme, ma mère et une fille. Mes enfants épargnés présentaient des signes de stress tellement prononcés que je me demandais s'ils pourraient s'en affranchir un jour. Le monde me paraissait un endroit lugubre, mon avenir aussi sombre que le crépuscule par un jour gris d'hiver. Il me fallait croire que la vie deviendrait agréable de nouveau, sans pourtant disposer de raisons ou de preuves à l'appui.

Ces preuves sont désormais nombreuses. Ma vie est aussi riche que celle des personnes que je connais, même s'il m'a fallu du temps pour en arriver là. Mon univers tout entier a été transformé. Il est très beau, mais d'une beauté différente de ce que j'attendais ou je désirais.

Trois changements me viennent immédiatement à l'esprit et ils convergent tous vers une nouvelle expérience de la beauté de la vie. Premièrement, j'ai changé intérieurement. L'accident m'a transformé en tant que personne, il a influencé ce que je crois, où je vais et comment je vis. Au cours des mois qui suivirent l'accident, j'ai passé de nombreuses heures à réfléchir à ma vie et je lui ai découvert bien des aspects qui étaient franchement laids. Elle recélait l'égoïsme, l'ambition et l'impatience. Ces faiblesses semblaient si profondément ancrées en moi que je me sentais impuissant à les corriger. Immobilisé par ma propre faillibilité, j'ai commencé à invoquer le Dieu à qui j'osais encore à peine faire confiance, lui demandant de faire le nécessaire pour changer ma vie.

Je ne vois rien, aucun moment particulier, aucun événement, aucune décision ni aucun effort qui ait pu marquer un tournant ou aboutir à un progrès significatif. Je ne suis même pas sûr que c'est ainsi qu'un changement véritable s'opère. Dieu s'est simplement servi du matériau de ma vie ordinaire pour mettre mes faiblesses au jour et forger mon caractère. Le processus a été tellement graduel et subtil que je n'en ai même jamais eu conscience. Il s'est amorcé aussi lentement et aussi sûrement que la croissance d'un arbre. J'ai fourni le matériau brut de ma vie, je l'ai offert comme un sacrifice vivant, pour reprendre l'expression de l'apôtre Paul. C'était la meilleure chose à faire et même la seule chose à faire, comme je m'en rends compte maintenant. J'ai laissé à Dieu le soin de me façonner.

Prenons par exemple mon désir d'être aux commandes. J'aime être maître, en particulier de mon temps. Les interruptions et les exigences d'autrui mettent ma patience à rude épreuve et m'irritent. Comme le disent mes amis, je suis « concentré ». Mes enfants m'accusent de ne presque pas pouvoir attirer mon attention lorsque je suis concentré sur une tâche. Il leur faut répéter : « Papa, papa, papa » pour que je consente enfin à leur répondre, surpris moi-même de découvrir soudain qu'ils existent ! Durant les douze dernières années, ma vie n'a été qu'une longue série d'interruptions. Je n'ai la maîtrise que sur très peu de choses, à l'exception de ma réaction au manque de contrôle ! J'apprends à saisir la vie telle qu'elle se présente et à considérer tout ce qui se produit comme un signe de l'intervention de Dieu dans ma vie. J'ai fondamentalement toujours une personnalité de « type A », mais peut-être avec plus de transcendance, de liberté et d'allégresse maintenant.

Deuxièmement, mon expérience de père m'a changé. Je ne saurai jamais comment je me serais comporté en tant que père s'il n'y avait pas eu l'accident. J'étais un père actif avant la mort de Lynda, mais très différent de ce que je suis aujourd'hui. *J'agissais* en père ; maintenant *je suis* père au plus profond de mon être. Dans les mois qui suivirent l'accident, je me suis dit – à tort – que la vie reprendrait rapidement son cours normal. La normalité à laquelle je pensais était le mariage ou, dans mon cas, le remariage. Mais je ne me suis pas remarié et n'en éprouve pas le désir. J'ai découvert des joies fabuleuses dans l'apprentissage de mon rôle de père seul.

Cette expérience présente plus d'ironie qu'il n'y paraît à première vue. Je souhaitais avoir des enfants pour le bonheur de Lynda avant tout, pas pour le mien. Ils étaient sous sa responsabilité, sauf quand j'intervenais ici ou là pour lui accorder un répit. Tout d'un coup, je me suis retrouvé sans Lynda, héritier d'un lourd fardeau que j'avais toujours considéré comme fondamentalement le sien. J'ai dû me démener pour savoir que faire. Il me fut plus facile que je l'avais pensé de m'occuper de tous les détails de la gestion d'une famille. J'ai appris à cuisiner, à faire la lessive, à réseauter et à tenir un calendrier hebdomadaire des tâches à accomplir. La maîtrise de l'art parental fut beaucoup plus difficile à acquérir, car il requiert plus que l'intelligence et les compétences. Il exige du cœur, de la sagesse et du caractère, des vertus qui me faisaient défaut. J'ai tâtonné, appris autant que possible et prié comme si ma vie – et celle de mes enfants – en dépendait, ce qui était tout à fait vrai. C'est à genoux que j'ai élevé Catherine, David et John.

Le Psaume 16 était le préféré de Lynda. Il est dit au verset 6 : « Un héritage délicieux m'est échu, une belle possession m'est accordée. » Je fais partie des rares privilégiés qui ont vu leurs enfants bien grandir. Je ne me jette pas de fleurs. Le rôle de père ne m'était pas naturel. Mon incapacité et mon égoïsme ne sont que trop évidents. J'ai dû me glisser dans l'habit de père, comme si je revêtais chaque jour des vêtements qui ne m'allaient pas. Aujourd'hui, je ne peux plus m'imaginer *ne pas* être un père. Mes enfants font mes délices. Je les observe et m'interroge : « D'où venez-vous ? Comment avez-vous pu évoluer si bien ? Que vous est-il arrivé pour que vous soyez devenus si extraordinaires ? » Je vois en eux un miracle, comme des pierres changées en pain ou de l'eau transformée en vin. Comment un père aussi incapable que moi a-t-il pu élever des êtres qui lui sont visiblement supérieurs ? Je ne peux que l'attribuer à la grâce et à la bonté de Dieu.

Des souvenirs se bousculent dans ma mémoire. Mon père est mort en 2000. Il avait mené une vie dure. Ma sœur, mon beau-frère et moi étions à son chevet lorsqu'il a rendu le dernier soupir. Aucune parole ne pourrait rendre l'ambivalence que nous ressentions. Nous le regardions en silence, incapables de pleurer ou de dire un mot. Soudain le téléphone sonna et nous tira de notre rêverie. Je pris le combiné afin de réduire l'appareil au silence. C'était ma fille Catherine, alors élève de première au lycée. Elle ignorait tout de ce qui venait d'arriver. « Papa, me dit-elle avant que j'aie pu dire un mot, je viens d'obtenir le rôle principal dans *La mélodie du bonheur*. Je serai Maria. Maman ne voulait-elle pas de tout temps avoir le rôle de Maria ? » La juxtaposition des deux événements était trop lourde à porter. Je m'effondrai et pleurai.

Mon fils David, actuellement en première année d'université, a travaillé comme moniteur dans un camp cet été. Il avait déjà participé à ce camp en tant que campeur quand il était plus jeune. Je me rappelle l'avoir déposé, toutes ces années passées ; âgé de neuf ou dix ans, il avait l'air tellement perplexe, meurtri et en colère ; il ne se reconnaissait plus et me causait beaucoup de soucis. Je me souviens d'avoir espéré que la semaine passée au camp lui procurerait un peu de répit, car il souffrait le martyre. J'en avais d'ailleurs fait un sujet de prière. Je l'avais cherché à la fin du camp ; je m'étais attendu à ce qu'il me fasse un compte rendu enthousiaste de son séjour, et j'espérais voir des signes de sa guérison. J'avais eu un entretien privé avec son moniteur, je lui avais posé des questions sur ce qu'il pensait du comportement de David et sur ce qu'à son avis je devais faire pour aider David. Je voulais tellement voir des signes de rédemption.

L'été dernier, à l'occasion, j'ai récupéré David au camp le samedi soir pour le ramener à la maison, lui permettre de faire sa lessive et de jouir d'une bonne nuit de sommeil avant de retourner au camp le lendemain. Un certain samedi, je l'observai de loin ; il s'entretenait avec des parents au sujet de leurs propres fils. Sur leurs visages, je lisais de l'inquiétude et des questions, et je les vis s'adresser à David pour être rassurés et conseillés. Il se tenait là, confiant et compatissant, et répondait à leurs préoccupations. Je me dis que la boucle était bouclée.

La semaine dernière, le responsable du département jeunesse de notre Église a demandé à John, mon benjamin, d'intégrer le groupe de louange des jeunes plus âgés, alors qu'il n'est qu'en troisième au lycée. Il participe à un petit groupe dans l'Église, fait du sport à l'école et joue tous les jours de la guitare. Il est d'un esprit doux, possède un sens développé de l'humour et assez de capacités, de centres d'intérêt et de curiosité pour que l'avenir lui sourie.

Les trois s'aiment vraiment. Dieu a tissé des liens forts et profonds au sein de notre famille. Mon expérience de la paternité et la solidité de notre vie familiale sont-elles un résultat de l'accident ? Je n'ai aucun moyen de le savoir. Ce n'est pas le genre de vie familiale que j'aurais choisie. Si seulement nous étions encore à six dans la famille, avec les visites occasionnelles de grand-maman ! Notre vie de famille actuelle est malgré tout agréable. Mes enfants se sentent heureux et bénis, moi aussi. Je contemple un miracle.

Le troisième changement a résulté de la découverte que nos vies s'inscrivent dans une histoire plus vaste. Ce qui semblait désordonné et aléatoire, comme un jeu de cartes lancé en l'air, a commencé à ressembler à l'intrigue d'une merveilleuse histoire. On ne voit pas encore clairement comment les choses évolueront. Je me trouve néanmoins dans cette histoire depuis assez longtemps pour savoir que quelque chose d'extraordinaire s'y déroule, comme s'il s'agissait d'un récit épique qui ferait pâlir de jalousie Homère lui-même !

Monica, ma première bonne d'enfants à temps partiel, nous a quittés après cinq ans et a déménagé en Caroline du Sud. Todd, son mari, a fréquenté le Séminaire Fuller, à Pasadena. Il partage actuellement la charge pastorale dans une Église de cette région. Ils ont deux fils. Je continue de leur parler chaque semaine, ce que font également mes enfants. Une fois par an, nous prenons l'avion pour leur rendre visite. La perte à l'origine de la venue de Monica et de Todd chez nous a permis qu'ils se connaissent, leur a donné deux précieux fils et a tissé entre nous une relation extraordinaire. Todd souhaite que mes garçons fassent un stage en tant que moniteurs à un camp de jeunes de son Église. C'est ainsi que notre relation avec cette famille continue de s'approfondir. C'est un tournant dans l'intrigue que seul Dieu aurait pu imaginer.

Après le départ de Monica, j'ai embauché Andrea, une autre bonne d'enfants à temps partiel ; elle était à l'époque étudiante à l'Université Whitworth. Elle a travaillé chez nous pendant quatre ans. Elle nous a accompagnés lors de notre voyage à Nairobi, au Kenya, à l'été 2000. À cette occasion, nous avons tous fait du bénévolat. Andrea vit toujours à Spokane et vient souvent nous rendre visite. Là encore, la perte qui nous a tellement appauvris est celle qui nous a enrichis de nouveaux amis.

Je ne saurai jamais comment les choses auraient évolué s'il n'y avait pas eu l'accident, ce que seraient devenues Lynda à cinquante-quatre ans et Diana Jane à seize, comment notre famille aurait fonctionné à six plutôt qu'à quatre, où nous vivrions aujourd'hui, ni ce que chacun ferait. Je me pose souvent ces questions, mais pas de façon amère ou maladivement obsessionnelle. Je le fais par simple curiosité, comme me demander ce qui serait arrivé si j'avais choisi une autre profession. Je sais seulement ce qui est arrivé et comment la vie a évolué jusqu'à présent. Ce que je vois, c'est que tout est bien, mais un bien que je n'aurais pas choisi, n'espérais pas et n'imaginais pas.

William Cowper, un poète et compositeur du dix-huitième siècle, écrivit quelquefois qu'il lui était impossible de croire. Il souffrait d'une grave maladie mentale. Il perdit sa mère à l'âge de six ans, ses camarades de classes se moquaient souvent de lui à l'école et son père l'empêcha d'épouser la femme qu'il aimait. À la fin de ses études de droit, il fut pris de panique en apprenant qu'il devait passer son examen du barreau devant la Chambre des lords. Il tenta de se suicider. Après avoir séjourné un an dans un asile d'aliénés, il logea chez un couple chrétien qui s'occupa de lui. Les troubles mentaux continuèrent de le tourmenter, et il sombra souvent dans une profonde dépression. C'est peut-être ce qui le rendit capable d'écrire des poèmes aussi sublimes. Les lignes suivantes, tirées de son célèbre cantique « Dieu agit de façon mystérieuse », illustrent sa confiance, souvent fragile, dans la bienveillante souveraineté de Dieu :

Ne jugez pas le Seigneur d'après vos faibles sens,
Mais attendez de lui sa grâce ;
Derrière une providence qui fronce les sourcils
Se cache un visage souriant.

Il réalisera bientôt ses desseins,
Heure par heure.
Le bourgeon peut avoir un goût amer,
Mais la fleur sera douce.

L'incrédulité aveugle se trompe à coup sûr
Et passe en vain l'œuvre divine à la loupe ;
Dieu est son propre interprète,
Et il révélera tout clairement.

Je n'avais aucun pouvoir pour changer les circonstances qui ont modifié le cours de notre vie. L'accident s'est produit, tout simplement, une interruption fortuite – ou providentielle, ainsi que je le crois – qui a tout changé. J'ai toutefois découvert peu après l'accident que j'avais encore le pouvoir de fixer l'orientation de ma vie, même si ce pouvoir me paraissait très limité à l'époque. J'avais le pouvoir de choisir ma façon de réagir à l'épreuve et de faire confiance ou non à Dieu. La suite m'a montré que ce pouvoir était plus important que je l'avais cru au début. J'ai découvert une vie nouvelle qui est vraiment bonne.

Telle est notre histoire. D'autres ont la leur, dont certaines ont été rapportées dans ce livre. Des lecteurs m'ont occasionnellement demandé ce qu'il était advenu de ces personnes depuis 1996. Ma cousine Leanna est décédée après une longue et pénible lutte contre le cancer. Elle me manque beaucoup, comme elle fait cruellement défaut à son mari, à ses enfants et à ses amis. Elle a laissé derrière elle un grand vide que nous ressentons tous. Elle est néanmoins partie avec dignité et dans l'espérance. Ses obsèques furent un témoignage rendu à une vie bien remplie.

Andy et Mary ont déménagé en Alaska il y a quelques années. Andy y est pasteur et Mary s'est engagée dans le bénévolat ; elle fait également l'école à domicile pour ses deux plus jeunes enfants. Pendant un certain temps, Sarah, leur enfant handicapée, a été prise en charge par L'Arche, à Seattle. Puis Andy et Mary l'ont reprise avec eux, mais c'était trop lourd pour toute la famille. Elle est actuellement placée dans un foyer collectif situé pas très loin de sa famille. Les siens lui rendent souvent visite ; parfois, c'est elle qui va dans sa famille pour laquelle elle continue de jouer un rôle important.

Glen est actif dans son Église, prêche dans d'autres Églises, conseille de nombreuses personnes et lit des ouvrages écrits par les puritains avec le même intérêt que la plupart des hommes lisent la page des sports. Il est extrêmement heureux dans son remariage. Pendant un certain temps, il a souffert de l'éloignement de son fils aîné happé par le monde de l'alcool et de la drogue. Ce fils a été délivré de son style de vie destructeur et depuis, il s'est réconcilié avec son père. Je l'ai rencontré récemment, alors qu'il était en permission. Ses yeux pétillaient d'ardeur, de foi et de bonté. Il est épanoui.

Je viens de recevoir une carte de Noël de Steve qui continue de profiter des dernières avancées technologiques en informatique et gère son affaire, depuis son fauteuil roulant, grâce à son ordinateur.

Comme la mienne, leur histoire continue de se dérouler. Je jouis actuellement d'une période d'équilibre et de paix. Je contemple le cours que ma vie a pris comme si je me trouvais au sommet d'un col me permettant de voir clairement d'où je viens et où je vais. Ce ne sera pas toujours le cas. J'ai pourtant l'impression que l'histoire que Dieu a commencé d'écrire, il l'achèvera. Et ce sera une belle histoire. Aujourd'hui encore, l'accident demeure, comme il l'a toujours été, une expérience horrible qui nous a causé beaucoup de dommages, ainsi qu'à de nombreuses autres personnes. Il était et restera un triste chapitre. Pourtant, l'ensemble de ma vie est apparemment en train de devenir un très bon livre.

Notes

Chapitre 3 : *L'obscurité approche*

1. Romains 8.26,27.
2. Victor Frankl, *Découvrir un sens à sa vie*, Paris/Montréal, Interforum Editis/Les Éditions de l'Homme, 1988.
3. *Ibid.*, traduction libre.
4. *Ibid.*, traduction libre.
5. Nicholas Wolterstorff, *Requiem pour un fils*, Marne-la-Vallée, Éditions Farel, 2002, p. 113, 114.

Chapitre 4 : *Le hurlement silencieux de la douleur*

1. William Styron, *Face aux ténèbres*, Paris, Gallimard, 1990.

Chapitre 5 : *Naviguer sur une mer de néant*

1. Matthieu 5.4.
2. Marc 8.36.

Chapitre 6 : *L'amputation du moi familier*

1. Philippiens 3.13,14.

Chapitre 7 : *Un arrêt brusque dans l'activité habituelle*

1. Romains 8.39.

Chapitre 8 : *La terreur devant ce qui est aléatoire*
1. Voir le livre biblique de Job.
2. Voir Genèse 37 – 50.
3. Genèse 50.20.

Chapitre 14 : *La nuée de témoins*
1. Hébreux 12.1.
2. Apocalypse 21.

Questions à étudier

Écrites par Stephen et Amanda Sorenson

Chapitre 1 : La fin et le commencement

1. L'auteur parle de la perte catastrophique et de la transformation qui peut en découler. Quelles pertes appelons-nous « catastrophiques » ? En quoi diffèrent-elles des autres types de pertes ?

2. Décrivez la gamme des émotions que l'auteur a connues après l'accident. En quoi ces émotions correspondent-elles à celles que vous escomptiez ? En quoi son expérience émotionnelle vous a-t-elle surpris ?

3. Quels sentiments avez-vous éprouvés à la suite d'une perte catastrophique ? En quoi différaient-ils de ceux consécutifs à d'autres pertes ?

4. L'auteur déclare avoir laissé le monde qu'il avait connu dans un enchevêtrement de tôles froissées sur une autoroute, et être sorti de l'ambulance, à l'hôpital, dans un monde radicalement nouveau. De nombreuses personnes qui subissent une perte catastrophique sont capables de décrire une action, un moment, une image semblables qui illustrent de façon frappante le tournant entre le passé qu'elles ont connu et l'avenir inconnu. Évoquez un tournant comparable dans votre propre vie ; que représentait-il pour vous ?

5. L'auteur a eu l'impression qu'il n'avait pas d'autre choix que de souffrir et de s'adapter à ses circonstances tragiques. À votre avis, que ressentiriez-vous devant cette prise de conscience ? Selon vous, que voulait-il dire en déclarant que le simple fait d'être encore en vie lui inspirait le sentiment d'être puni ?

Chapitre 2 : Quelle est la pire perte ?

1. Partagez-vous l'idée de Carl Jung qui affirme que les difficultés sont nécessaires à la santé ? Pourquoi ?
2. Selon vous, qu'espérons-nous gagner en comparant une perte à une autre ?
3. Dans votre optique, quel tort risquons-nous de causer à ceux qui subissent une perte (et à nous-mêmes) en évaluant une perte plus ou moins importante qu'une autre ?
4. En plus de la nature du traumatisme et du degré d'intimité dans une relation, quels sont certains facteurs qui peuvent intensifier ou atténuer notre expérience personnelle de la douleur ?
5. En quoi êtes-vous d'accord ou non avec la déclaration de l'auteur qu'à vouloir quantifier la perte, on aboutit à des extrêmes malsains, en désignant des « gagnants » et des « perdants » parmi ceux qui connaissent une perte légitime ?
6. En quoi avez-vous blessé les autres (ou été blessé par eux) en attribuant une valeur quantitative à une perte particulière ? Quelles conséquences, à court terme et à long terme, un tel jugement a-t-il produites ?

Chapitre 3 : L'obscurité approche

1. Quand une perte nous anéantit, il peut être à la fois encourageant et terrifiant de savoir que nous avons le pouvoir de choisir la direction que nous voulons imprimer à notre vie. Quelle a été votre expérience personnelle (ou celle d'un proche) dans ce domaine ?
2. L'auteur dit que l'obscurité et la lumière ont envahi son âme en même temps. Il poursuit en indiquant que la tristesse et la joie, la colère et l'amour, le désespoir et l'espérance, la mort et la vie ne s'excluent pas davantage que l'hiver et la lumière du soleil. En quoi cette idée est-elle nouvelle pour vous ? De quelle manière influence-t-elle votre expérience de la perte ?
3. Que se passe-t-il lorsque nous cherchons à fuir l'obscurité résultant d'une perte soudaine et tragique ? À l'opposé,

quelles sont les conséquences positives et négatives d'une entrée résolue dans l'obscurité ?

4. En quoi votre expérience de la vie dans l'obscurité était-elle différente de votre vécu après la période d'obscurité ? Qu'est-ce qui vous a surpris de cette expérience ?

5. L'auteur écrit : « Je ne voulais pas réagir à la tragédie en exacerbant le mal que j'avais déjà subi. » Quelles craintes avez-vous entretenu concernant les conséquences de votre réaction à la tragédie ?

Chapitre 4 : Le hurlement silencieux de la douleur

1. De quelle manière la douleur de la perte révèle-t-elle la valeur de ce qui a été perdu ?

2. L'auteur décrit plusieurs moyens courants utilisés pour repousser la perte. Chacun présente un bénéfice temporaire, mais à un prix énorme. Indiquez les avantages et les inconvénients des moyens suivants employés pour gérer la douleur de la perte :
   • le déni
   • le marchandage
   • la satisfaction de ses appétits
   • la colère

3. L'auteur n'est pas d'accord avec l'idée que ces réactions à la douleur correspondent à des « étapes » que chacun emprunte une seule fois. En quoi son point de vue change-t-il votre façon d'envisager l'expérience du deuil ?

4. En tant que personne qui subit une perte, comment géreriez-vous la dépression débilitante, la « nuit noire de l'âme », qui accompagne parfois une perte catastrophique ? Quel pourrait être l'incidence de la dépression sur vos activités quotidiennes, vos relations, votre identité et vos croyances spirituelles ?

5. À votre avis, comment Dieu réagit-il à notre colère contre lui pour avoir permis nos pertes ? Pourquoi ?

Chapitre 5 : Naviguer sur une mer de néant

1. En quoi la description que l'auteur fait de son « présent aride » approfondit-elle votre compréhension de la tristesse et du désespoir devant une perte catastrophique ?

2. Quel rôle les souvenirs jouent-ils dans l'évocation de la perte ? Comment influencent-ils votre aptitude à envisager l'avenir ?

3. De quelle manière avez-vous fait l'expérience du bien-fondé de l'affirmation de l'auteur : « Aussi douloureuse soit-elle, la tristesse est bonne pour l'âme » ? Quelles découvertes importantes avez-vous faites à propos de vous-même et de votre vie pendant une phase de tristesse ?

4. L'auteur trouve que l'idée d'une guérison de la perte subie est à la fois trompeuse et vaine. En quoi cette déclaration diffère-t-elle de ce que vous avez jadis cru concernant la perte ou de ce que vous avez vécu en la traversant ?

5. Qu'est-ce qui vous rebute dans l'idée d'accepter les dons de la grâce au plus fort de la douleur ? Comment avez-vous accepté ou rejeté de tels dons de la grâce ?

Chapitre 6 : L'amputation du moi familier

1. Décrivez la confusion qu'une perte catastrophique peut entraîner quant à l'identité. Quel a été son effet sur votre vie ?

2. Quelles conditions permanentes accompagnant une perte catastrophique peuvent compliquer la tâche d'une personne dans sa quête d'une nouvelle identité ?

3. De quelles ressources une personne qui a connu une perte catastrophique dispose-t-elle pour se reconstruire une nouvelle identité ? Quelles sont les plus rares ?

4. Que se produit-il lorsque nous réagissons à une perte en diminuant nos attentes de la vie ? Qu'est-ce qui nous permet de continuer d'espérer un avenir, même s'il est bien loin de ce que nous avions imaginé, désiré ou espéré ?

5. De quelle façon le rappel de l'immense amour de Dieu pour nous peut-il nous aider à affronter une perte catastrophique et nous faire espérer que la vie peut encore être agréable ?

Chapitre 7 : Un arrêt brusque dans l'activité habituelle

1. L'auteur écrit : « La perte prend ce qu'on pourrait faire et le transforme en ce qu'on ne pourra plus jamais faire. Elle fige la vie en un instantané. On reste avec ce qui était au lieu de ce qui aurait pu être. » Selon vous, qu'est-ce qui rend cette réalité si douloureuse, particulièrement sur le plan des relations ?
2. L'auteur parle de la transformation personnelle qui peut s'opérer en nous après une perte subie. Le processus n'est cependant ni facile ni simple. Discutez de ce qui doit se produire pour qu'une transformation puisse s'opérer, et décrivez les étapes que ce processus pourrait suivre dans votre vie.
3. Quel effet le regret a-t-il sur nous après une expérience de perte ?
4. Décrivez le combat qui s'est livré en vous entre les émotions et la réalité. Quel danger courons-nous en laissant nos sentiments définir la réalité ? Comment relativiser nos sentiments ?
5. Comment nos choix personnels contribuent-ils à nous faire éprouver désespoir ou espoir, amertume ou pardon, haine ou amour, stagnation ou vitalité ? Quelle décision essentielle devons-nous prendre pour nous développer par le moyen de la perte ? Qu'est-ce qui rend ce choix difficile pour vous ?
6. L'auteur a découvert dans Romains 8.39 le pouvoir de l'amour de Dieu et la promesse d'une vraie transformation. Quel est le passage de l'Écriture qui vous parle du pouvoir rédempteur de Dieu ?

Chapitre 8 : La terreur devant ce qui est aléatoire

1. Quelle a été votre expérience personnelle de la souffrance fortuite ? Qu'est-ce qui vous trouble le plus à propos de cette souffrance ? Qu'est-ce qui vous remplit d'espoir quand vous considérez cette réalité troublante ?

2. Quelles conclusions avez-vous tirées de la souffrance fortuite à propos de vous-même, de Dieu ou de la vie ? Quel effet ces conclusions ont-elles sur votre croissance personnelle et spirituelle et sur votre espérance future ?

3. L'auteur écrit : « J'ai tremblé devant la puissante liberté que possédait Job de décider comment il allait réagir à ses souffrances. » Quelle est votre réaction à la liberté de choix de Job (et à la nôtre) à la lumière de ses retombées si lourdes de conséquences ?

4. Quelle signification attachez-vous au fait de décider de croire que notre souffrance s'inscrit dans un tableau plus vaste que nous ne pouvons tout simplement pas voir ? Qu'est-ce qui vous permet de faire ce choix ?

Chapitre 9 : Pourquoi pas moi ?

1. Quelle différence y a-t-il entre poser la question : « Pourquoi moi ? » et : « Pourquoi pas moi ? » En quoi ces deux perspectives influencent-elles notre expérience de la perte ?

2. Pensez-vous que les gens prospèrent ou souffrent dans cette vie en fonction de leurs mérites ? Pourquoi ?

3. Quelle équité avons-nous le droit d'attendre de la vie ?

4. L'auteur a comparé l'expérience de la douleur imméritée à celle de la grâce imméritée, et il conclut qu'il vaut mieux bien vivre dans un monde comportant la douleur et la grâce que dans un monde dénué de grâce. Selon vous, vaut-il la peine de souffrir une douleur imméritée afin de pouvoir jouir de la grâce imméritée ? Pourquoi ?

Chapitre 10 : Pardonner et se souvenir

1. Lorsque vous avez subi une perte à cause du méfait d'un autre, comment a-t-elle affecté votre vie ?

2. Quelles questions lancinantes avez-vous dû aborder à propos de votre perte ? Comment avez-vous pu composer avec vos questions sans réponses ?

3. L'auteur affirme hardiment : « Le refus de pardonner a causé plus de destruction que ne l'a fait tout le mal du monde. » Dans quelles circonstances de votre vie quotidienne avez-vous refusé de pardonner, et quelles en ont été les conséquences fâcheuses ?

4. Comment définiriez-vous la limite entre le désir de justice et le désir de vengeance ? Pourquoi importe-t-il de bien cerner la différence ?

5. L'auteur écrit qu'avant de pouvoir pardonner, nous devons savoir que « rien – ni la justice, ni la vengeance, ni quoi que ce soit – ne peut changer le mal subi ». Quel espoir puisez-vous dans cette déclaration ? Qu'est-ce qui est difficile à accepter ?

6. Quels choix devons-nous faire pour devenir des personnes qui pardonnent ? Quel rôle votre relation avec Dieu joue-t-elle dans votre capacité à pardonner à ceux qui vous ont fait du tort ?

Chapitre 11 : L'absence de Dieu

1. Quelles questions concernant la souveraineté de Dieu votre expérience de la souffrance et de la perte a-t-elle soulevées ? Avec quelles contradictions apparentes vous êtes-vous le plus débattu ?

2. À votre avis, pourquoi la perte catastrophique nous oblige-t-elle à aborder la question de la souveraineté de Dieu ?

3. Lorsque les expériences de la vie vous ont opposé à Dieu, comment avez-vous (le cas échéant) accepté la réalité de la souveraineté de Dieu ?

4. L'auteur a l'audace de se poser une question que beaucoup de chrétiens considéreraient risquée : « Ce que la foi en Dieu ne m'avait pas apporté ou était incapable de m'apporter au sein de ma souffrance, le rejet de Dieu pouvait-il me le procurer ? » Qu'a-t-il gagné à poser cette question ? Quelles

autres questions audacieuses les gens qui subissent des pertes pourraient-ils poser ?

5. L'intervention de Jésus qui est venu sur la terre « pour souffrir avec nous et pour nous » change-t-elle votre compréhension de la souveraineté de Dieu ? Si oui, en quoi ?

Chapitre 12 : La vie a le dernier mot

1. Quels genres de pertes vous ont contraint à affronter la réalité de la mort ? Quelle a été votre première réaction ?

2. Partagez-vous l'opinion de l'auteur que « le plus grand ennemi que nous devons affronter est la mort » ? Pourquoi ?

3. Nous sommes coincés entre la réalité de la mort et celle de la résurrection de Jésus. Quels sont, liés à cette double réalité, les espoirs, les craintes et les frustrations qui vous sont les plus difficiles à supporter ?

4. Où puisez-vous de l'espoir lorsque la douleur de la vie présente vous écrase ?

Chapitre 13 : Une communauté de gens brisés

1. Même si la perte est une expérience que nous traversons seuls, elle peut aussi déboucher sur la formation d'amitiés. Qu'est-ce qui vous réconforte ou vous met mal à l'aise dans l'idée que la perte ne doit pas nécessairement vous isoler des autres ?

2. Quels sont les risques liés au partage de votre souffrance avec les autres qui sont susceptibles de vous motiver à vous éloigner et à vous isoler d'eux ?

3. À votre avis, qu'est-ce qui empêche les gens de partager la souffrance de ceux qui ont subi une perte ? Quels sont certains conflits, certaines attitudes et certaines craintes qui empêchent les gens de tendre la main à ceux qui ont connu une perte ?

4. Quelles sont certaines des décisions que doivent prendre les personnes en mal de réconfort pour l'obtenir ? Quels risques courent-elles en les prenant ?

5. Si vous vous sentez assez à l'aise pour le faire, évoquez une marque d'amour que vous avez reçue à un moment de grand abattement. Qu'est-ce qui était particulièrement important pour vous à l'époque, et maintenant ?

Chapitre 14 : La nuée de témoins

1. Lorsque vous vous débattiez contre la souffrance ou la perte, quel encouragement avez-vous puisé dans la grande « nuée de témoins » qui vous ont précédé ?
2. L'auteur déclare que sa grande « nuée de témoins » lui a montré que ni la douleur ni la mort n'avaient le dernier mot dans sa vie, mais Dieu. Pourquoi cette prise de conscience a-t-elle été si importante pour lui ?
3. Quel espoir fait naître en vous le fait que ce ne sont ni la souffrance ni la mort qui ont le dernier mot, mais Dieu ?
4. En quoi la réalité du ciel modifie-t-elle votre expérience de la perte ?
5. Faites une liste de la grande « nuée de témoins » qui vous est propre. Notez le témoignage de chaque personne et la vérité qu'elle atteste. Dites pourquoi ces témoignages sont importants pour vous.

Chapitre 15 : Héritage dans un cimetière

1. L'ampleur de la perte catastrophique peut être tellement considérable que nous n'en mesurons pas la portée. À propos de l'effet de nos pertes, nous pensons à celui qu'elles ont sur nous-mêmes, sur notre famille proche, peut-être sur quelques amis ou sur ce que nous étions en train de faire lorsque nous les avons subies, sur notre vie jusqu'à présent et sur notre vie dans les quelques années à venir. L'auteur élargit notre vision et nous invite à considérer l'héritage de notre perte, à considérer son incidence sur la collectivité et ses prolongements dans le futur. Réfléchissez aux répercussions et à l'héritage lointains de vos pertes, et discutez-en. Que souhaiteriez-vous léguer en héritage ?

2. L'auteur et ses enfants ont déambulé dans les allées d'un cimetière pour réfléchir à l'héritage que la perte leur avait transmis. Quel est l'endroit ou l'événement qui évoque l'héritage de la perte que vous avez subie ? Que gagnez-vous à revisiter cet endroit ou à évoquer cet événement ?

3. L'auteur écrit : « Tout le bien du monde ne fera jamais de l'accident une bonne chose. [...] La cruauté de l'événement et les bienfaits qui en résultent sont certes liés, mais ils ne constituent pas une seule et même chose. » Certaines personnes s'efforcent d'atténuer la cruauté d'une perte en mettant en relief la qualité des résultats. Selon vous, pourquoi les gens agissent-ils ainsi et quelles en sont les conséquences ?

4. Quelle initiative permet à une personne qui subit une perte catastrophique d'affronter l'obscurité de la perte et d'apprendre à vivre avec une vitalité et une gratitude renouvelées ? À la suite de cette décision et de la grâce que nous recevons, que peut accomplir une perte dans notre vie ?

Épilogue

1. Plus d'une décennie après la mort de sa mère, de sa femme et de sa plus jeune fille, l'auteur déclare sans hésiter que depuis l'accident, sa vie a été « très heureuse ». Quel effet cette affirmation produit-elle sur vous ? Si vous êtes en mesure de rendre le même témoignage, qu'est-ce qui vous en rend capable ? Si vous ne pouvez imaginer tenir des propos semblables, qu'est-ce qui vous en empêche ?

2. Qu'avez-vous appris sur vous-même à la suite de la perte subie ? Quelles améliorations avez-vous réalisées ? Quels sont les changements qui ont été (ou qui restent) un combat pour vous ?

3. L'auteur écrit qu'il lui a fallu beaucoup de temps avant de découvrir de la douceur dans la vie après l'accident. Les gens semblent imposer aux autres une échéance sous-entendue pour qu'ils se construisent une nouvelle vie après une perte.

Comment certains ont-ils réagi lorsque ce calendrier n'a pas été respecté, et en quoi cette attente vous touche-t-elle ?

4. Quel encouragement trouvez-vous à savoir que votre perte s'inscrit dans une histoire plus vaste ? Quelle impression vous laisse l'idée que l'ensemble de votre vie devient un très bon livre ?

5. La reconstruction de la vie après une perte catastrophique est une tâche ardue dont la plupart des gens n'ont pas idée. Si vous êtes passé par une telle perte, qu'est-ce que la souffrance et la croissance consécutives à la perte vous ont appris ? Si vous êtes proche d'une personne qui a connu une perte semblable, en quoi votre expérience personnelle a-t-elle développé votre compréhension et votre soutien de cette personne, ainsi que votre compassion pour elle ?

Malmenés par les épreuves
et splendides malgré tout

En 2006, mes enfants et moi sommes allés en vacances dans le parc national de Banff, au sein des montagnes Rocheuses canadiennes. Nous avons parcouru une bonne soixantaine de kilomètres en cinq jours, visitant bon nombre de sites remarquables de ce magnifique parc. En parcourant les sentiers, notre attention s'est portée sur un certain type de pin, soit le pin à écorce blanche, qui est répandu dans le paysage, surtout à une altitude élevée. Accrochés aux falaises rocheuses qui surplombent des lacs limpides, des glaciers imposants et des vallées encaissées, ces arbres ressemblent à des sentinelles qui veillent sur le monde. Chacun avait visiblement souffert des outrages du temps : troncs noueux ; branches cassées ; écorce malmenée par le vent, la pluie, la giboulée et la neige ; des touffes d'aiguilles dérobant quelques rayons de lumière ; des racines semblables à des griffes accrochées à des pentes rocheuses. Ces arbres avaient passé l'épreuve du temps et avaient survécu, sculptés en extraordinaires chefs-d'œuvre par les éléments climatiques. Ils étaient vraiment superbes, pas de la beauté du visage innocent et délicat de l'enfant, mais de celle qui sculpte le visage âgé d'un homme qui toute sa vie a été pêcheur ou paysan. Ces arbres étaient vigoureux, pleins d'expériences, d'années, de souvenirs et de caractère.

Beauté extraordinaire

Ces arbres symbolisent pour moi ce que Dieu veut accomplir dans notre vie, à savoir opérer une rédemption complète. Il veut se servir des conditions difficiles de la vie pour nous façonner – ainsi que le monde entier à la fin – en quelque chose d'une beauté sublime. La rédemption garantit notre complète transformation. Brisés jadis, nous retrouvons notre intégrité ; jadis égoïstes et manquant d'assurance, nous devenons majestueux, sereins et altruistes ; jadis pécheurs enragés, nous devenons des saints glorieux. En somme, Dieu nous réclame pour lui, malgré notre degré d'éloignement de lui, la profondeur de notre chute dans le péché, notre condition de perdition et de solitude. Il veut nous rétablir dans une relation juste avec lui et nous rendre conformes à l'image de Jésus-Christ, ce qui servira de prélude au renouvellement du monde entier. C'est ce que Dieu accomplira, du commencement à la fin. Dieu est le seul à vouloir et à pouvoir accomplir cette œuvre de rédemption, et à la mener à son terme.

Le thème de la rédemption m'est devenu très important pour des raisons très personnelles, comme je vais l'expliquer. C'est également un terme biblique. Comme les autres vocables bibliques tels que *justification, réconciliation* et *expiation*, il nous semble étranger et intimidant, l'équivalent religieux d'une équation algébrique. Nous ne nous servons généralement pas de ce terme dans la conversation courante, et nous ne demandons pas aux gens : « Comment va votre rédemption ? » ce qui nous ferait passer pour des personnes insupportablement religieuses et bizarres. Le mot a peut-être sa place dans notre vocabulaire religieux, il peut être utile dans le langage de l'Église et lors d'une étude biblique, mais il semble ne pas être pertinent à la vie quotidienne.

Je désire remettre ce terme en circulation et le rendre compréhensible, utile et important pour notre vie ordinaire. C'est un vocable riche ; il couvre toute l'étendue et le drame de l'histoire biblique qui est fondamentalement une histoire de rédemption. J'espère pouvoir le définir et l'expliquer de façon familière et pratique, de sorte qu'il améliore vraiment les choses dans votre vie. Tel est le but que je me fixe.

En retour, j'attends quelque chose de votre part, et je vous le demande d'emblée. Je souhaite que vous lisiez ce livre en ayant à l'esprit votre propre vie, votre vie ordinaire, la vie telle que vous la menez, que vous soyez jeune ou âgé ; célibataire, marié, divorcé ou veuf ; actif, chômeur ou retraité, bien entouré ou désespérément seul ; satisfait de vos circonstances ou déçu par elles, heureux ou mécontent de la vie, inquiet ou même déprimé. La rédemption désigne l'œuvre de Jésus-Christ appliquée au déroulement de la vie, la vôtre et la mienne. Elle transforme la vérité de l'Évangile en un récit dramatique et rend la théologie appropriée à la vie de tous les jours. La rédemption s'opère quand Dieu participe aux circonstances ordinaires de la vie, quelles qu'elles soient. Vous n'êtes pas hors d'atteinte de la rédemption divine, ni maintenant ni jamais. C'est pourquoi je vous demande de lire ce livre à la lumière de votre vie telle qu'elle se déroule en ce moment.

L'histoire sous-jacente

Je dois d'abord expliquer pourquoi j'en suis venu à écrire le livre *Une grâce déguisée,* puis *A Grace Revealed* (Une grâce révélée) qui fait suite au premier livre. Il y a plusieurs années, ma famille a connu une tragédie terrible. Grace, ma mère qui nous avait rendu visite pour le week-end, Lynda, ma femme, et Diana Jane, ma plus jeune fille, furent toutes tuées dans un accident de voiture, par la faute d'un chauffard ivre. J'ai survécu à l'accident, ainsi que mes trois autres enfants, encore très jeunes alors. Le fait que l'accident remonte à plus de vingt ans signifie que j'ai pu le mettre en contexte avec le temps. Je ne plonge plus le regard dans quelque vide terrifiant devant moi, comme c'était le cas juste après l'accident, où je n'apercevais que l'obscurité. Une vingtaine d'années plus tard, je regarde en arrière sur ce qui s'est passé depuis. Je ne dis pas que la vie a été facile. Ce livre ne raconte pas l'histoire douce et simple d'une tragédie qui conduit au triomphe. J'espère pourtant qu'il racontera une histoire rédemptrice.

Au fil des mois et des années qui ont suivi l'accident, j'ai compris que la tragédie elle-même, bien que catastrophique, pouvait jouer un rôle moins important que ce que Dieu voulait en tirer et que ma façon de réagir. Allait-elle entraîner une spirale descendante de destruction, ou allait-elle au contraire illuminer et illustrer une histoire de grâce et de rédemption ? Je décidai de croire qu'elle raconterait une histoire de rédemption, certain que Dieu était toujours Dieu, souverain, sage et bon, bien que personnellement je me sois senti misérable et que Dieu m'ait semblé lointain. Je décidai de réfléchir à l'itinéraire rédempteur devant moi, un itinéraire encore enveloppé de mystère.

Je commençai par me demander ce que signifie réellement la rédemption, dans mes circonstances non souhaitées et non souhaitables. Où aboutit-elle ? Comment Dieu opère-t-il la rédemption dans notre vie ? Je ruminai ces questions, et bien d'autres, au plus profond de moi-même. Comment une grâce déguisée en accident pouvait-elle devenir une grâce révélée, découverte et expérimentée dans le déroulement de l'histoire de ma vie ? Anéanti comme je l'étais, je m'engageai à apprendre autant que possible et à entrevoir la manière dont Dieu agit pour racheter la vie humaine, notamment la mienne.

J'écris cependant un livre pour vous, pas pour moi ! Mon histoire fera surface de temps en temps dans la narration. Je tiens cependant davantage à vous aider à discerner comment Dieu opère sa rédemption dans *votre* vie. Voilà pourquoi je vous invite à lire ce livre dans le contexte de vos propres circonstances. Un accident et ses conséquences ont défini le cadre de mon histoire, à la manière des accessoires sur une scène de théâtre. Quel est le décor de votre propre histoire ? Comment pouvez-vous tenir correctement votre rôle dans cette histoire, même si c'est un rôle que vous n'auriez jamais choisi ? Comment exercerez-vous le genre de foi qui donne à Dieu la place et la liberté d'accomplir son œuvre ?

Malgré tout, je livre ma propre histoire avec un certain degré d'ambivalence. Mon éditeur et moi-même n'étions pas d'accord sur la part de récit personnel que le manuscrit devait comporter ; j'en voulais moins, elle en désirait plus. Il y a une quinzaine d'années, j'ai écrit un ouvrage sur la perte ; je l'ai rédigé à la suite de la tragédie qui avait si dramatiquement bouleversé la vie de ma famille. Le premier jet du livre *Une grâce déguisée : Comment l'âme se développe par la perte* était entièrement théologique. Il expliquait aux lecteurs ce qu'il fallait penser de la perte. Mes amis firent bon accueil à ce projet, mais me firent remarquer qu'il était trop abstrait et impersonnel. « Il faut que tu racontes ton histoire, me dirent-ils, sinon les lecteurs ne pourront s'identifier ni à elle ni à toi. » Après avoir beaucoup prié et réfléchi, j'ai accepté de raconter l'histoire de ma famille, même si cela me gênait beaucoup.

Je faisais face à deux problèmes. Tout d'abord, je ne voulais pas que ma famille soit simplement connue comme « celle qui a perdu trois générations de femmes dans un seul accident ». Cette préoccupation, qui me semble tout à fait légitime, m'a amené à fixer mon attention sur notre réaction à la tragédie plutôt que sur la tragédie elle-même, sur l'intervention bienveillante de Dieu après la collision plutôt que sur son absence apparente pendant l'accident.

Je tenais également à ce que notre histoire ne fasse de l'ombre à personne, ce qui aurait pourtant été facile, étant donné son caractère dramatique. Je croyais alors, comme je le crois encore, que notre perte n'était pas plus difficile à accepter que celles survenues à beaucoup d'autres gens, et que notre souffrance n'était pas plus atroce. Depuis la parution originale d'*Une grâce déguisée*, j'ai reçu des milliers de lettres, chacune me rappelant que les gens subissent toutes sortes de pertes catastrophiques, toutes horribles. La mienne n'était pas plus épouvantable que les autres. Je n'ai, par exemple, jamais eu à subir le rejet de la part de qui que ce soit ; je n'ai jamais eu à m'occuper d'un être cher handicapé à vie ; je n'ai jamais eu à encaisser une perte après l'autre, la première déclenchant une réaction en chaîne et en provoquant d'autres. Dans l'ensemble, mon histoire a été relativement clémente. Mes enfants et moi avons simplement dû nous adapter à un grand choc qui nous a tous surpris comme un tsunami.

En l'espace de quelques années, notre vie de famille à quatre a repris sa routine normale. Que puis-je en dire ? Comme la plupart des gens, j'ai un emploi (commode, intéressant et, qui plus est, souple !), j'ai élevé trois enfants et je me suis occupé d'une maison. J'ai appris à faire fonctionner notre vie. Tout bien considéré, notre vie a été relativement normale. Devenus adultes, mes enfants sont épanouis. C'est tout ce que je peux dire d'une telle vie ordinaire, sinon insister sur son caractère normal. Et c'est peut-être là l'essentiel ! Dieu opère la rédemption, que la vie prenne un tournant dramatique ou qu'elle poursuive sa trajectoire habituelle. En fin de compte, la rédemption nous ramène à Dieu, à son identité et à sa façon d'agir. Il est l'auteur, nous les personnages, de son histoire.

Je crois pourtant qu'il est nécessaire et important de raconter des histoires, car on ne peut comprendre la rédemption sans une histoire, l'histoire biblique d'abord, mais aussi mon histoire et la vôtre. C'est pourquoi j'ai choisi d'inclure des histoires dans ce livre (principalement la mienne, car c'est elle que je connais le mieux) ; elles aident à expliquer en termes concrets ce qu'est la rédemption, et comment elle s'applique à notre vie de tous les jours.

Le paradoxe

La rédemption s'enracine dans un paradoxe que l'on peut résumer ainsi : nous devenons ce que nous sommes déjà en Christ. Jésus-Christ *est* rédemption ; il est aussi celui qui *opère* la rédemption. Nous sommes déjà rachetés par son œuvre sur la croix et par sa résurrection ; de même, nous sommes en voie de rachat par l'œuvre permanente du Saint-Esprit dans notre vie. Les deux aspects sont simultanément vrais : l'être et le devenir, la position et le processus, le déjà et le pas encore. C'est ce paradoxe vécu dans le temps et la vie ordinaire que je veux analyser.

Je conserve le souvenir très vif de la naissance de chacun de mes enfants. Je vois encore le gynécologue poser nos bébés sur la poitrine de Lynda qui jetait sur eux un regard plein de fierté et de tendresse. Ces enfants avaient grandi en elle, ils étaient connus et aimés avant leur premier cri. Ils reposaient innocemment et paisiblement sur son sein. Nous ignorions alors tout ce qui allait se passer au cours des années suivantes. Nous ne savions pas combien la vie serait belle et dure, étrange, mystérieuse et merveilleuse. Nous ne savions rien des amitiés que nos enfants noueraient, des sports qu'ils pratiqueraient, de l'instrument de musique qu'ils joueraient, des vacances qu'ils prendraient. Nous ignorions tout du voisinage et des amis de la famille, des bonnes d'enfants et des nouveaux venus dans la famille. Et, bien entendu, nous ignorions tout d'un accident qui nous enverrait titubants dans une toute nouvelle direction.

En évoquant les joies et les soucis que je ne connaissais pas et que je ne pouvais pas deviner, lors de la naissance de mes enfants, mon esprit retourne au parc national de Banff. J'ai deux photos côte à côte dans un album. L'une date du mois d'août 1991. Quatre jeunes enfants sont debout au bord du lac Louise, dans ce parc ; derrière eux s'étend l'eau calme couleur d'azur et, à l'arrière-plan, se dresse un glacier imposant. L'autre photo a été prise en juillet 2006. Trois enfants seulement sont debout au bord du lac Louise ; tous les trois sont grands, forts et beaux ; ils adoptent une pose bouffonne et arborent un sourire espiègle et contagieux. Le même lac s'étend derrière eux ; le même glacier se profile à l'arrière-plan.

Comme par hasard, ils se tiennent au même endroit où la photo avait été prise en 1991. Mais une petite sœur est absente, de même qu'une mère. Je regarde ces photos de temps à autre ; mon esprit évoque alors tout ce qui s'est passé entre ces deux clichés, beaucoup de choses pénibles, mais aussi de nombreuses choses douces et agréables. Le temps qui sépare ces deux photos forme un long chapitre de notre histoire, une histoire de paradoxe. Une famille, déjà rachetée par Jésus-Christ, vit la rédemption comme une histoire continue de souffrance, de grâce et de croissance.

Notre but

La rédemption retrace donc la manière dont Dieu nous récupère et nous rétablit dans une relation vivante avec lui-même pour que nous devenions conformes à son projet éternel pour nous. Elle est à cent pour cent son œuvre ; la foi chrétienne est donc à l'opposé d'une religion humaine qui prône la transformation par les efforts personnels. Dieu opère la rédemption par son fils Jésus-Christ ; c'est grâce à lui que la vie tout entière est remise à l'endroit, guérie et restaurée, en phase avec le plan divin. Jésus fait de la rédemption une réalité vivante, même si nous n'en faisons pas encore l'expérience de manière conforme à nos espoirs, à nos désirs et à nos attentes. C'est lui qui fait d'un jeune arbuste un arbre mis à rude épreuve et superbe.

Au cours de ce livre, j'aborde quatre vérités essentielles relatives à la rédemption.

La rédemption suppose une histoire. Le temps constitue le milieu dans lequel elle se déroule ; c'est d'ailleurs pour cela que la Bible possède une structure essentiellement narrative. L'histoire biblique fournit des indices nous aidant à comprendre notre propre histoire rédemptrice, comme si nous suivions un genre d'itinéraire sur la carte du terrain spirituel sur lequel Dieu agit.

Du commencement à la fin, Dieu est l'auteur de l'histoire rédemptrice. En tant que souverain Maître de l'univers, il écrit l'histoire : c'est son histoire, dans laquelle nous ne faisons que jouer un rôle. Pourtant, comme personnages de cette histoire, nous avons la liberté de faire des choix et ainsi de façonner l'intrigue, même si cette liberté n'est authentique que si, dans le déroulement de l'histoire, nous la soumettons à Dieu et faisons sa volonté.

Le contexte et les circonstances de notre vi — qu'ils soient agréables ou misérables — ne jouent toujours qu'un rôle limité dans la rédemption et peuvent y jouer un rôle utile s'ils sont soumis à Dieu. Il n'existe pas de circonstances rédemptrices plus ou moins susceptibles de procurer un avantage spirituel, qui rendraient la rédemption plus facile pour les uns que pour les autres. Qui plus est, ce que nous considérons comme circonstances favorables peut en fait constituer un inconvénient spirituel et nous plonger dans une dangereuse autosatisfaction.

Le but de la rédemption n'est pas le bonheur immédiat tel que nous pourrions le définir maintenant, mais une vie de sainteté ; pas une vie agréable telle que nous pourrions l'imaginer sur terre, mais la perfection même du ciel. Dans ce cas, le ciel n'est pas un « lieu » quelque part ou en haut, peut-être de l'autre côté de Jupiter. C'est plutôt la complétude, le dépassement et la perfection de ce que nous connaissons dans la vie présente. Tout ce qui se produit dans notre vie déborde donc dans l'autre vie, plus grande, et indique la réalité que Dieu connaît, voit et goûte.

Un regard en arrière vingt ans après

Je réfléchis encore quelquefois à l'accident et à ses conséquences, et je me revois dans ces circonstances effroyables. Il y a vingt ans, lorsque je regardais devant moi et je contemplais l'avenir, je ne voyais que de l'obscurité et ne ressentais que de l'effroi. Je croyais qu'il existait bien une grâce accessible, mais c'était une grâce voilée par la tristesse, la douleur et le mystère de la tragédie et de la souffrance. Maintenant, quand je regarde en arrière et que je réfléchis aux vingt années écoulées, je contemple la grâce révélée, découverte, vécue et manifestée en abondance par les forces qui ont façonné mon histoire, plus exactement *notre* histoire. C'est l'histoire d'un jeune arbre transformé en arbre usé par le temps, un arbre splendide. Et le travail de Dieu se poursuit. Notre histoire continuera à se dérouler jusqu'à ce que Dieu ait terminé ses chefs-d'œuvre.

PUBLICATIONS CHRÉTIENNES

Pour notre catalogue complet :
publicationschretiennes.com

Publications chrétiennes, Inc.
230, rue Lupien, Trois-Rivières (Québec) G8T 6W4
Tél. (sans frais) : 1 866 378-4023, Téléc. : 819 378-4061
pccommandes@gmail.com